我的语文教育之路

何梅 著

华龄出版社
HUALING PRESS

责任编辑：程　扬
责任印制：李未圻

图书在版编目（CIP）数据

我的语文教育之路 / 何梅著. -- 北京 : 华龄出版社, 2020.10
ISBN 978-7-5169-1739-8

Ⅰ. ①我… Ⅱ. ①何… Ⅲ. ①中学语文课一教学研究一高中 Ⅳ. ① G633.302

中国版本图书馆 CIP 数据核字（2020）第 173471 号

书　　名：我的语文教育之路
作　　者：何梅 著

出 版 人：胡福君
出版发行：华龄出版社
地　　址：北京市东城区安定门外大街甲 57 号　邮　　编：100011
电　　话：010-58122246　传　　真：010-84049572
网　　址：http://www.hualingpress.com

印　　刷：武汉市卓源印务有限公司
版　　次：2020 年 10 月　第 1 版　2020 年 10 月　第 1 次印刷
开　　本：880mm×1230mm　1/32　印　　张：7.75
字　　数：148 千字
定　　价：68.00 元

自序

本书名为《我的语文教育之路》，想到写点什么也不是一时兴起，从有这个打算的那天起，我就卸载了一些容易消磨时间的手机应用软件，微信要沟通，不能删去，所以只能关闭朋友圈，一年没发过任何动态，朋友说偶尔还是发点吧，让人知道你还关心世事。我笑而不语，不过也听从了，偶尔，很偶尔，遇到点什么奇峰异景，催人泪涌的人、事、景，一两个月也发一两条，三日后归于沉静。

我的职业并不是专职写作，只是名普通的语文教师，别人眼里教师是个挺轻松、假期还多的职业，只有我自己知道忙到飞起来的感觉，总有那么些时间要放在教书育人、行政管理等事上，还要分点陪陪家人、孩子，因此每日我都严格要求自己，不管多少，都写点，于是从第一天起就悄悄在朋友圈私密打卡，状态好时写万字，状态差时短短数百，好在未曾断过，强迫症估计就这点好处。

作此书的目的实际是对自己从教 15 年的教学生涯做一次小小的总结。十年树木，百年树人，15 年的时间不长，但也让我由一个青春年少的大学毕业生成长为今天的市级骨干教师。回首过去，这一路依靠的不单单是那份教育情怀，更多的还是坚守的那份教育初心吧。让学生成才，离不开教师在文化和道德教育两方面的指引，不断地提升自己的教育教学水平，不断地总结反思自己的育人方法，我一直在努力。

《我的语文教育之路》分为六个部分：

第一、二部分为语文学科的专业性文章，从语文学科的工具性与人文性入手，共收录了12篇文章，其中原创了11篇教育教学论文，包含整理编写的一篇关于教育者需要了解的教育理论汇编。

第三部分从德育融入语文教学入手，创作了5篇原创文章，从爱国主义教育、励志教育、生命安全教育、感恩教育、法制教育等角度入手，在语文教学中一一体现。其中关于史铁生的《我与地坛》写了两篇文章，一篇为生命励志教育主题《在地坛感受生命的坚韧》，一篇为感恩教育主题《生命最后的凝望》，之所以写了两篇，确确实实是因为这两篇文章带给我、带给学生太多的震撼与感动，毫不夸张地说，这一课我和学生是流着眼泪上完的。

第四部分是我在语文教学中的一些语文教学的阐释、教学设计和教学反思，这几篇教学设计我自己还比较满意，所以迫切地想分享一下。

第五部分从我这个普通的语文老师走上班主任管理道路开始说起，里面收录了我在管理学生时，发生的许多故事以及故事背后的反思。这一部分，我写作时把我的整个当班主任的回忆翻了一遍，太多太多的故事可以记录，太多太多美好的回忆又重新闪现，这一部分是我在写作时最愉悦、最兴奋的，总是写着写着就笑了。

第六部分主要记录了我的一些读书笔记，语文老师就应该多读书，多写作，在读书中能有新的感悟，在读书中能收获到更多新的知识，有句话说得好：身体和灵魂总有一个要在路上。读书让我的心灵插上了翅膀，带我飞得更高、更远。

总的说来，这部作品还有很多不足之处，希望做了 15 年教育生活的小小总结后，能让我重新启航，重新对自己有一个更深的认识，在自己的总结中不断地反思，不断地进步，始终守着这颗鲜红的、滚烫的教育初“心”。

2020. 4. 25

目 录

第一章 语文学科的工具性

工具性是语文学科的第一属性，设置语文学科的目的就在于培养正确使用祖国语言文字的能力，培养听说读写能力。毛泽东说：“学生学会了看书作文，那他们出校后的发展，就有了常常用得着的基础工具了。”

用最动听的声音吟唱最美的诗篇

如果要问哪一门学科和语言文字关系最为紧密，大家首先想到的必定是语文。语文是学习其他学科的基础，它是一门语音和文字的综合学学科，语文课其实就是语言课，其中所学的文字、文章都是为语言的记录、语言的理解和语言的表达服务的。所以在语文教学过程中用规范字，说普通话显得极其重要。

语文课本中的一首首诗歌、一篇篇文章都是由语言文字组成的，语文课上如果再使用流畅的普通话去诵读这些诗文，它所带来的愉悦的审美感受是不言而喻的，我们不仅为骚客名家深厚的文化功底所震撼，更为掷地有声、抑扬顿挫的普通话所感染。但是，现今社会中仍有部分人把语文学科的学习任务归于识字，至于写不写规范字已经不重要，或只是运用了语文学科的一个基本功用，即让它成为学习其他学科的一个基础，由于信息技术的发展，人们更多的使用电脑、短信、微信等方式交流，真正提笔写字的人已经很少了。因此许多人忽略了用规范字、说普通话的重要性。

当我们走在大街上，稍稍留意就会发现不规范的用字出现在各式各样的广告牌上，班上学生去做了一些统计发现各种不规范用字已经习非成是。许多商家为了招揽生意在店名和广告语上也大改成语用字，让人哭笑不得，如蛋糕店的“步步糕升”，网吧广告的“一网情深”，热水器广告“随心所浴”，空调广告“终生无汗”，某洗衣店广告的“衣衣不舍”等。此外，不规范的简化字，已淘汰的异体字，滥用的繁体字也频频出现在我们的生活、工作、学习中。这对于人们的影响甚大，如不及时纠正，长此以往人们习以为常之后，将一直使用不规范的语言文字。尤其是中小学生若使用这些不规范的字体，会让他们从小写出不规范的字体，以至于不能正确辨明许多成语的正确写法。因此 2000 年 10 月颁布的《中华人民共和国国家通用语言文字法》指出“国家通用语言文字是普通话和规范汉字”，同时规定“国家推广普通话，推行规范汉字”。

语文课堂上不仅要使用规范字，更要说好普通话。我国是地大物博又是多民族杂居的大国，光是方言就有七大类（北方方言、吴方言、粤方言、闽方言、赣方言、湘方言、客家方言），少数民族还有自身的民族语言，因此不同地域的人们交流肯定会出现障碍。普通话是全国通用的语言，它以北京语音为标准音，以北方话为基础方言，以典范的现代白话文著作为语法规范。大力推广、积极普及全国通用的普通话，有利于克服语言隔阂，促进社会交往，从小处说有利于人与人之间的交流，从大处来看对社会主义经济、政治、文化建设也是具有重要意义的。而推广普通话的前沿阵地首先是学校。

全国各大中小学校基本上都会张贴出“请说普通话，请写规范字”的标语，但习惯使用本地方言上课的老师却不在少数，甚至一些年长的语文老师也使用方言上课。我想，老师在传道授业解惑的同时，按照规定使用普通话上课是必要的。试想一下，语文课上如果老师用本地方言完成的授课，那传递出来的作品就会随着方言的解读而略显奇怪了。例如我所任教的学校是贵州省内的一所高中，我地所使用的贵州方言虽归入北方方言，但翘舌音较少，许多本该翘舌的语音在方言中很少体现，如吃饭读作“ci”饭；没有鼻音只有边音，n和l为声母的字都读l的音；没有后鼻音只有前鼻音。四声中多阴平阳平，少上声去声。在这样的前提下用方言去学习诗歌，很难读出诗歌的韵味。还很可能会破坏严肃的教学氛围。1999年国务院批转的教育部《面向21世纪教育振兴行动计划》再次强调“各级各类学校特别是中小学、师范院校要继续把说好普通话、写好规范字、提高语言文字能力作为素质教育的重要内容”。因此推广普通话必须从教学一线老师做起，尤其是语文教师。

如何在语文课堂上切实有效地做到“写规范字，说普通话”？

首先，语文老师要以身示范，熟练掌握规范汉字，教学过程中正确使用规范汉字。例如语文教学中板书是必不可少的，语文教师在备课前就应该把板书设计好，除了板书内容外，还应该思考组成板书内容的有哪些文字？怎么写？教师自己书写汉字的笔顺笔画是否正确？有时候最简单的字往往被老师忽略了，因而出现汉字笔顺错误的现象，如不及时改正，那么那些讲台下坐着的学生会直接受到老师书写的影响写出笔顺错误的汉字。布置学生“每天一练”或“每周一练”

的练字任务，以写准写好汉字为目标，让人人都能写出规范美观的汉字不再是空谈而是已付诸实际。及时发现并纠正学生的不规范字体，通过班级组织“写规范字”听写比赛提高学生对正确书写规范化汉字的积极性。鼓励学生善于观察、寻找生活中出现的汉字使用不规范的现象，搜集相关的实例，以便加深学生的印象避免犯下同样的错误。

其次，语文教师不仅在语文课的教学中使用普通话，还应在平时与学生的交际过程中也注意使用普通话。学生的普通话标准与否很大程度上是受到老师影响的，如果教学中老师弃普通话而用方言教学或使用不标准普通话，势必会影响到学生学习普通话的积极性，更甚者让学生对语文这门与语言文字有着密切关联的学科失去学习的兴趣，淡漠的态度，所以语文教学中教师务必勤学苦练普通话，它虽然是教师的基本功之一，但它也能成为自己教学中的一件“法宝”。相较而言，普通话标准流利的老师教授的语文课更容易受到学生的喜欢。借助多媒体教学，语文课上经常播放相关诵读示范的音频、视频，让学生感受普通话诵读所带来的艺术魅力，激发学生学普通话、说普通话的兴趣，在实践中提高学生说好普通话的水平，并以此为目的，举行一系列演讲、辩论、朗诵活动，鼓励学生积极参加，让学生懂得能说一口流畅的普通话，也能成为一种值得骄傲自豪的能力。

学校的教育教学用字是国家推行规范用字的重点单位，语文这门学科也承担着不可推卸的推广使用规范汉字责任。

只有规范了汉字，才可以更好地推广普通话；也只有说好了普通话才能让更多人热爱汉字。二者是相辅相成，不可分割的，普通话使祖国更加国际化，在许多国家都掀起“汉语热”。而作为国人，说好普通话，使用规范化的汉字，是中华民族尊严的象征，也是中华民族凝聚力的展现。在新的时代下，人人都能“说普通话，写规范字”仍然是一项长期坚持且任重道远的工程，但我相信普通话这世界上最动听的声音必定会吟唱出最美丽的诗篇，颂我巍巍大中华。

论述类文本阅读题之我见

摘要： 语文高考中的论述类文本阅读，历来都让考生感觉云山雾罩，此类题目为何让学生谈之色变？究其原因，不过几点：不能知己知彼，摸不清考题考查方向；训练不够，经验不足；过于浮躁，缺“三心”。面对此类题该如何作答，本书浅谈一二。

关键词： 语文高考；论述类文本；答题技巧

语文这个学科，历来让学生又爱又恨，语文高考中论述类文本尤甚，明明每字俱识，答案却千呼万唤选不出。

一、为何会造成这种情况，究其原因

1. 摸不清考题方向，不明白在考什么。

《语文高考大纲》中对于论述类文本的阅读要求其实往往是考生的阅读理解能力、信息的筛选能力、逻辑思维能力，而这几项能力考生往往是具备的，但学生答题后不能获得满意的分数，三道题总计 9 分，满分的学生人数不理想，没有做到知己知彼，百战百胜。

2. 语文做题兴趣不浓，训练不够，无熟不生巧。

现在的学生对于语文的学习兴趣表现不浓，甚至很多学生认为学与不学都是一样的分数，更有甚者认为不学语文反而分数没有下降，越是这样越不爱做语文题目。

3. 答题时没有掌握方法技巧，加之求胜心切，适得其反。

高考中的论述类文本阅读题也有自身的答题技巧和方法要领，在迎考复习中能掌握此类试题的命题规律并探索出一些行之有效的解题技巧，就可以得到一个满意的分数。

二、论述类文本有哪些答题的技巧规律

1. 边看边寻，边读边勾画。

学会快速地浏览全文，把握行文思路，思想是有路的，一句句一段段都是有路的，好文章的作者在谋篇布局时经过深思熟虑，行文脉络清晰、有条理。考试就是考同学们有没有看懂作者的思路，同学们平时要下功夫，争取看一遍就了解作者的思路。坚信答案就在文本中。

2. 明确题干，认真审题，弄清考题方向。

在对作品整体理解的基础上，根据整体认知所获得的印象，按要求把试题备选项中的关键词句作标号，迅速回到原文关键信息语，洞察幽微，辨识细节。定位对比，相互印证。或求同异，或求正，或求反，逐项审查排除题目设置的干扰项，从而找到符合题意的答案。针对试题，尤其是选项，到原文中找相关语句这是非常关键的一个环节，切不可忽视。明确题干要求及陈述对象。①选择“正确的”还是“错误的”。②选择“符合”的还是“不符合”的。③选择“属于”的还是“不

属于”的。

3. 比照原文，找准关键，分析选项。

透视题干的重点和考点。拿到题目以后不要先急于答题，要先分析、理解、透视。每一道题目都是由命题人反复思考、呕心沥血后写出的，有些题目里是话里有话的，同学们不能一晃就过地的理解含义深刻的词句，一篇文章中总有些词语、句子含义深刻，或包含哲理，或点明中心，或耐人寻味，这些词句同学们一定要去分析，这样的例子在课本中是很多的，如余秋雨的《都江堰》一文中提到的“只要都江堰不塌，李冰的精魂就不会消散，李冰的儿子就会代代繁衍”“活着或死了应该站在哪里？”等句。考论述类文本阅读就是考三个字“懂不懂”，因此看懂、理解是最重要的。

4. 筛选和整合文中的信息。

“整合”就是把散布在文章各个方面的信息提取出来，并组织成一个观点，需要自己概括。这个考点涉及三个方面的能力，首先要有分清思路的能力，其次是要有筛选整合信息的能力，再次是需要概括的能力。

三、方法固然重要，但“三心”缺一不可

“三心”乃“耐心”“细心”和“用心”。

耐心寻找，细心比对，用心琢磨。论述类文本阅读的选文范围分为自然科学和社会科学两大类，自然科学类文章涉及物理、化学、天文、地理等科普类文章，学生虽然学过相

应学科的知识，但对于此类选文无疑只是皮毛，要真正读懂是很难的，而社科类的文章涉及历史文化、传统文化、文学概念、艺术审美等内容，文字有其抽象性，需要有较高的阅读能力，不易懂，但是摸清了此类题目的考查方向便知道考查的能力不过是阅读筛选的能力，这就需要学生耐心地寻找关键信息，找到相应的语段，投石问路。如果没有耐心，心浮气躁，加之文章内容深奥难懂，便不能正确选对答案。

例如：2014 年新课标全国卷的论述类文本考查的文章是摘编自王晓旭《美的奥秘》，第 1 题的题目要求是在选项中选出性质不属于原文所论悲剧的一项，正确选项为 B 选项“在甲午海战中，清军致远舰在中弹累累、舰身倾斜、弹药耗尽的情况下，开足马力，冲向日本吉野舰，最后被鱼雷击中，沉入海中，200 多名官兵壮烈殉国”，首先在原文中找到关键句，只要是耐心寻找便不难发现原文第三段“悲剧的审美价值的载体只能是文学艺术”和第四段“悲剧成为审美对象只能以文学艺术的形式出现”，而 B 项是现实中的真实事件，没有上升到文学艺术层面，所以不属于原文所论悲剧。

2014 年高考新课标卷Ⅱ论述类阅读，考查的是摘编自张炸达《古代食品安全监管述略》，其中第一题关于原文第一、二两段内容的表述，要求选择不正确的一项是 C“《二年律令》中的规定注重对主使官员责任的追究，而《唐律》则更加强调对伤害生命的犯罪行为的追究”，答案 C 说法的错误在于无中生有。无中生有的问题耐心阅读原文后就能发现，此题考点为归纳内容要点，阅读的能力。

耐心寻找是关键，细心比对最重要，用心琢磨定得失，论述类文本题离不开这“三心”，加之明确方向，正确地使用方法，我想最终能为自己交出一份满意的答卷。

全力以赴打造文言文教学生本课堂

摘要：为了实现生本课堂，所有的语文教师都在积极地探索和尝试着，想要找到一种有效的方式。通过不断地探究和实践，给学生创设生动有趣的情境，设置游戏，并且采用“先学后教”“先练后导”的教学模式会增加学生的学习主动性，使课堂上动起来，实现生本课堂。本文主要探究了在高中语文文言文教学中如何实现生本课堂，促进学生积极参与，提高教学能力，促进学生的可持续发展。

关键词：高中语文；文言文；生本课堂

课堂就是“以学生为本”的课堂，教师在课堂上要想方设法让学生参与教师的教学中，促进学生通过探究和思考来完成文言文教学目的，就是为了学生的发展，让学生能够掌握学习的方式主动参与。教师在平时的教学中就要关注生本课堂的探究和实践来获得知识，感受学习知识的乐趣，让学生了解文言文的特点，学会分析，养成自主探究的好习惯。

一、创设生动有趣情境，引发学生学习兴趣

往往对文言文知识望而生畏，觉得文言文是难懂的天书，提不起多大的学习兴趣，更不愿意参与文言文的学习，教师

首先要激发学生的学习兴趣，有了学习兴趣自然会积极探究，参与到教师的课堂教学中，并成为课堂的主人。教师可以通过有效的教学情境激发学生的学习兴趣，使学生能够产生身临其境的感觉，促进学生积极进行探究，从而在探究中提高学生的语文素养。调动学生情境中学习的主动性，自然会积极地思考，全面地分析，从而在探究中提高学生的分析能力，让学生能够感受到语文文言文学习的乐趣。

如在学习《游褒禅山记》时，教师就可以通过多媒体课件来展示一些美丽的山峰的图片，把学生带入一个景色优美的情景之中，并向学生介绍王安石在 1054 年从舒州通判任上辞职，在回来时游览了褒禅山，并在三个月后以追记的形式写下的这篇文章。学生会被山峰美景所吸引，并且产生学习的兴趣，并积极地在课堂上主动探究，成为学习的主人和课堂的主体。

二、寓教于乐设置游戏，促进学生积极参与

文言文的学习让学生感觉有些枯燥和无聊，为了实现生本课堂的教学目的，要让学生有主动学习的欲望，对知识的探究有一种渴望。教师可采用竞赛游戏的方式来激发学生探究的积极性，使学生能够以竞赛的方式产生学习动力，进而成为学习的主体。竞赛式的游戏增加了学生的学习动力，给学生创建了一个轻松、友好、主动的氛围，学生会在竞赛中充分地探究和学习，从而掌握更多文言文的学习方法。例如

在学习《鸿门宴》时，教师就可以给学生设置竞赛游戏，通过快速阅读文章找出文章中的通假异读字有哪些，看看哪个小组能够用最短的时间，尽可能多地找出文章中的通假字。教师设置竞赛游戏环节让学生有了学习兴趣，他们会主动地探究，找“距关，毋内（同“拒”“纳”）诸侯”；“愿项伯具言臣之不敢倍（通“背”）德也”，等等。让学生成了课堂的中心，有了探究和实践的机会，调动了学生的积极性，实现了生本课堂。

三、先学后教主动探究，实现学生学习主体

在教学中教师要引导学生主动地探究，帮助学生掌握学习方法，对学生进行“授之以渔”的教育。通过学生的先学，学生会发现还存在着误区或者不理解的地方，让学生可以有针对地进行探究和学习。学生的先学也让学生参与到了课堂教学中，真正地实现了学生的主体地位。在学生进行学习时，教师要留意时刻监督，帮助学生厘清思路，使学生能够感受到参与学习的快乐，在学生发现问题后，教师再对学生进行后教，会达到事半功倍的效果。教师的后教是针对学生学习过程中出现的问题和不足而进行的教，会帮助学生突破难点，从而实现学生理解能力的提高。

例如在学习《劝学》时，教师通过让学生自主探究“导学案”使学生进行先学，学生在探究时可以完成导学案上的大部分问题，基本扫清了字词句方面的障碍，也厘清了文章的行文

思路，但是对于文言虚词的用法还是有一些不清楚的地方。比如“而”的四种作用有什么？学生分析起来还存在着不全面的现象。教师在讲解时可以针对学生学习过程中出现的问题进行分析和探究，帮助学生总结“而”的用法：①并列（“知明而行无过”）；②表修饰（“终日而思”）；③表转折（“而致千里”）；④表顺接（“积善成德，而神明自得”）。在学生学习基础之上教师再进行讲解，会帮助学生解决学习上的难题，做到“以学定教”，从而实现生本课堂。

教师引导学生先学会学习的方法，对文言文知识形成自己的认识和理解，通过学生对于词汇和句式的加工和处理来提高认识，从而让学生能够逐步地掌握知识。学生的先学会让学生参与课堂，在课堂上形成积极活跃的学习氛围，从而实现生本课堂。

四、先练后导发现问题，针对学生反馈指导

为了提高学生对于文言文知识的灵活运用能力，让学生能够轻松理解文言文，了解文言文的篇章结构和主旨思想，教师可以采用先练后导的方式促进学生积极地探究。教师给学生先提供一些练习题，使学生可以针对练习题进行学习和分析，会让学生了解自己在哪些方面还存在着学习上的困惑和不足，从而把这些知识欠缺的地方反馈给教师，使教师能够对学生存在的问题进行指导和点拨，帮助学生解决问题。

例如在学习《廉颇蔺相如列传》时，教师就可以给学生提供练习题，在练习探究中，学生对于词汇的含义有了更清楚的认识。教师还可以给学生提供翻译练习，让学生把自己不能理解的地方做出标记。如：欲予秦，秦城恐不可得，徒见欺；欲勿予，即患秦兵之来。计未定，求人可使报秦者，未得。教师给学生提供的不同形式的练习，让学生在不断的探究中成为了学习的主体，而且提高了学生的学习能力。当发现学生存在的不足时，教师可以对学生进行指导，达到学生掌握知识的目的，实现了生本课堂。

总之，生本课堂的实现需要教师把学生当作学习的主体和课堂的中心，而不是教师。教师形成了正确的观点和教学思想就会积极地引导学生，组织学生进行自主探究和主动学习，让学生能够成为课堂的主人，从而让学生在探究中提高自己，实现高中语文文言文教学的生本课堂。

小组合作探究，打造语文课堂“高铁”

摘要：为了提高语文课堂效率，让学生能够成为学习的主人，让课堂充满生命力，体现学生的学习主体地位，教师可以组织学生进行小组合作学习。通过小组合作学习，学生会参与到课堂学习过程，在大脑中形成自己的认识和理解，促进学生通过体验和实践来习得知识，深化自己的理解。本章主要介绍在高中语文课上教师如何通过科学分组、设置问题、安排任务和积极评价来激发学生探究的积极性，使学生参与课堂，提高课堂效率，打造语文课堂“高铁”。

关键词：语文；小组合作；问题；任务

小组合作学习是随着新课改出现的一种有效的教学模式，它使学生有机会参与到课堂教学中，改变了教师“一言堂”“满堂灌”的教学模式，学生通过合作的学习方式进行探究和沟通交流，让学生能够把自己的观点和其他学生进行分享，在沟通中提高自己的认识，开阔视野，促使学生掌握学习方法，形成良好的学习习惯，从而实现高效课堂。

一、科学分组，使学生能够参与课堂学习

教师要采用小组合作学习就要先给学生进行科学的分组，

为学生提供一个交流和沟通的舞台，使学生能够在这里尽情地交流和讨论，从而实现知识的获得。在分组的时候，教师需要充分地考虑学生的学情，使不同层次的学生都能够进行沟通和交流。在小组中要有一个小组长，组织学生积极参与讨论和合作，把小组内的学生有效组织起来，还要有发言人、记录人、资料整理人员。小组内学生都有自己不同的角色和分工，让学生能够在课堂上感受到学习的快乐和乐趣，都参与到课堂学习中，从而提高课堂效率。

二、设置问题，让学生积极探究，有的放矢

为了激发学生探究的热情，让学生在合作中有话可说，有事可做，教师可以给学生设置具有启发性和讨论价值的问题，用问题来激发学生的思维，启迪学生的智慧，“学而不思则罔，思而不学则殆”，只有通过思考学生才能够形成自己的观点和看法，不断地取得进步。在合作学习中，教师要通过有效的问题促进学生进行沟通交流，使学生能够在课堂上有的放矢，从而实现高效课堂。

例如在学习《老人与海》时，教师就可以用问题来促进学生之间的小组合作，使学生能够在问题的引导下积极地讨论文章的内涵和本质，从而形成自己深刻的理解。教师可以给学生设置问题：老人在什么状况下与鲨鱼接二连三进行搏斗的？小说为什么要描绘鲨鱼的凶残？老人先后几次与鲨鱼搏斗？结果如何？如何理解老人与鲨鱼的搏斗？教师的问题要层层深入，

使学生能够不断地深化认识，通过不断地探究了解到老人的永不服输、勇于挑战和向命运屈服的顽强精神。问题让学生能够有话可说，增加了学生主动参与讨论的积极性，使学生能够在探究中提高自己的认识，达到理想的学习效果。

三、安排任务，促学生彼此交流，畅所欲言

在合作学习中，教师要让学生畅所欲言，就要给学生布置一定的任务，让学生明确自己在讨论和合作学习中需要学习什么，达到什么样的目标，从而积极地投入到探究过程中，体验知识获得的过程。教师的任务安排要让学生都参与其中，使学生感受到学习合作探究任务，分析任务，让学生在合作中开拓视野，完善自己的认识水平。小组合作学习有利于让组内的学生都活跃起来，在小组中畅所欲言，形成活跃的课堂学习氛围，给学生提供一个快乐的学习空间，让学生在探究中掌握方法，提高学习效率。

例如在学习曹禺的《雷雨》时，教师就可以让学生合作去探究戏剧冲突，在品味个性化人物语言之后，让小组内学生分别担任不同的人物角色进行片段表演和展示，教师布置的任务让学生产生了学习的欲望，从而积极地投入到任务的探究中，思考不同的人物性格特征，形成自己的认识和理解。我国古代教育家孔子说："知之者不如好之者，好之者不如乐之者。"教师给学生安排的任务激发了学生对于文章内容探索的积极性，从而使学生能够深入到文章思想深处，探究

文章的思想和主旨，让学生能够深化理解，成为课堂的主人。小组合作学习中，学生会把自己对于不同人物的理解表达出来……通过沟通让学生全面、系统地了解人物的形象，展现学生的学习潜能和实力，让课堂绽放光彩。学生通过合作学习的方式参与到了课堂探究中，使学生感觉参与的快乐，从而感到乐在其中。

四、积极评价，引学生合作学习不断提高

学生通过合作学习的方式学习了知识，获得了自己的认识，达到了理想的学习效果。为了使小组合作学习更好地发挥其作用，教师还要对小组合作学习的过程和结果进行科学、客观、公正的评价，使小组学生能够了解自己在学习过程中存在的不足和问题，从而有针对性地进行改正和提高。老师要表扬学生合作学习中做得比较好的地方，使学生能够增加学习的自信心和成就感，从而进行探究和思考，促进高效课堂的实现。

例如在学习《我有一个梦想》时，教师让学生以小组的形式合作探究文章结构和文章的大意时，很多小组对于文章中提到的时间，地点，集会的背景、目的、斗争方式，坚持到底决不妥协的决心都有了清楚的认识，但是当阐释追梦的具体内容和意义时，有的小组就出现了表述不完整的现象。很多小组只看到了“追求自由”，教师要指出学生的不足，让学生了解到还有“和平”“民主”“平等”，帮助学生更

全面地分析问题，促进学生的进步。教师指出学生的不足是为了让学生能够更快地学习，了解文章的主旨，实现高效课堂，同时在教师的评价中还有表扬和鼓励，使学生能够在学习的过程中产生信心和动力，让学生积极投入到合作学习中。

总之，小组合作学习改变了学生被动接受知识的状态，能够参与教师的课堂教学，使所有的学生都能够在课堂上动起来，实现学生主体地位的发挥，让学生在沟通和交流中不断地积累知识，提高课堂效率，实现高效课堂。

作文的基本写作要领总结

在阅卷工作中，总结出很多学生在作文时出现的问题，很多学生常抱怨不会写作文，写不好，带着凑足800字的心理去完成作文，殊不知因惧怕写作文而陷入不知道写什么的困惑时，许多不该出现的问题也随之而来。作文写作必须重视的基本条件也没有引起重视，从而造成不必要的丢分情况，现将多年来的阅卷经验总结为两方面，作文内容以外和作文内容以内需要注意的基本要求，这是作文最基本的写作要求。

作文的基本写作技巧注意两个大的方面：两方面都有要重点关注的对象，作文以外要重点关注的是外在形式，作文以内要关注的是作文语言组织，下面分别整理如下。

内容以外需要注意：

【标题】：考试作文中，标题是阅卷老师最先看到的部分，一般都是由考生自己来拟定题目，标题必须第一时间拟好，这为下一步的写作起到指引作用，没有标题在考试中，按考试要求扣1～3分不等，题目不宜太长也不宜太短。怎么拟题呢？对于成绩一般的考生，可以围绕作文主题，以主题命名；对于有一定文学素养的学生，可以结合主题化用一些名句诗词。

【布局】考试作文中，常常遇到有的同学一段文字有20行，三四百字，体现不出层次性，有的开头就写十几二十行，让老师不能快速从第一段中找到考生的观点关键信息，因此提醒学生要注意及时分段，第一段文字四五排即可。三四个段落显得少了，三段式的布局感觉内容混杂，超过七段以上，显得琐碎了些，段落以五六个为好。考试作文每段最好别超过5行。若写成“大肚作文”，一旦给阅卷老师带来视觉上的疲劳，影响了他的心理，作文分数可能就受影响。

【卷面】正规考试规定使用黑色签字笔，规定是0.5毫米的黑色笔，这是适中的字号笔，不粗也不细，用笔型号不同，字体也不同，作文的方格是对字体大小的规定，不能超出，也不能过小，要端端正正地写成“方块字”。这样的作文写出来，与方格形成一定的视觉对比，阅卷老师在视觉上有眼前一亮的感觉，分数上可能就有增加了。

篇幅争取要写满，作文方格纸上有字数标记，很多同学认为到“800字”的标记处就可以停笔了，实际到了“800”字标记处不一定就写足了800字，所以最佳停笔处是在“800”字标记处往下再继续写四到五行。建议考生争取合理安排卷面，把卷面写到95%左右。这样就不会给阅卷老师带来匆匆搁笔的感觉，主观上又取得了好感。

任何形式的语文考试，阅卷老师打分时，首先映入眼帘的是整体的字迹，因此字迹必须工整、端正，汉字中的“撇”“捺”较多，不要拖长，影响美感，汉字是方块字，尽量写工整。

如果让一个字迹潦草的同学抄写一篇高考高分作文，一个字迹工整的同学抄写一篇中等作文，那么第一眼印象肯定是工整的取胜。所以，切忌字迹潦草。

作文内容需要注意：

【谋篇】列提纲很关键。譬如，写记叙文要设计好开头结尾，同时要把你叙述的事情分成几个层次，一个层次是一段，中间如果能设置好一个过渡句或过渡段更好。列提纲时，一定要把开头结尾写详细，中间各段，穿插哪些精彩的话语或名言俗语、诗词典故，要写准。一个作文合格的学生，列提纲，大约 5 分钟到 8 分钟。时间要掌握好，如果时间紧张，提纲就要简练些。

【首尾】作文首尾要打眼，丰富多彩出亮点。考试作文的开头方法很多：六要素开头法、题记开头法、悬念开头法、引名句开头法、排比句开头法、拟人式开头法、设问式开头法、对偶式开头法、博喻加对仗开头法、合用修辞开头法、巧述典故开头法、解题式开头法、名人问答开头法、诗文引用开头法。希望考生们准备好一些关于道德、学习、礼仪、爱国、美德等方面的典故、名人名言，到时候就用得上。至少，你看到作文的时候，脑子里会闪现出上述前七八个开头方法。

结尾也很重要。一般来说，结尾是总结全文。如果是记叙文，要注意抒情。如果是议论文，则要注意归纳。无论如何，最好要扣准标题。怎么扣呢？如果你实在拿不准，就在结尾段的第一句，把题目说一下，然后归纳全文观点就是了。

【切题】写作文，要么是记叙文，要么是议论文。一般来说，多是“总—分—总”结构。记叙文的结尾要注意抒情和总结哲理，议论文最好是“1—3—1”或者“1—4—1”结构，中间的3或4，是分层解题。当然也可以灵活采用夹叙夹议的手法。但是注意，千万别让议论文以举例为主体却不归纳主题，千万别让记叙文忘记说事却议论过多。因此，写考试作文，事先要想好了，我写的是什么文体，就按相应文体的写法来写。

考试前，建议考生翻阅大量的范文，积累一些考试作文的结构。如果写记叙文，最好翻阅《青年文摘》等杂志，其中的一些散文，结构是很好的，可以把写作的梗概和套路归纳出来。关于感情、爱国、人生之类的优美语言，可以分别积累三五句，考试时运用到自己作文中，点亮文章。关于国家大事，时事政治和要闻等，也要注意搜集积累。譬如，2008年有奥运，2019年是新中国成立70周年，“一带一路”、全民抗疫等，都可以作考试作文的题材。

【语言】语言关系到学生的语文水平，而语文水平又取决于考前长期的积淀，文从字顺，条理清晰，层次明确，是以前好作文的基本标准之一。语言的感染力，学生的语言组织力在作文时很关键。目前高考作文主要以议论文体为主，考前熟知议论文写作的论证方法，作文时用上四个为佳，引用名句，特殊的修辞等艺术手法也要合理的用进文中。而不是满篇“流水账”“口水话”。尽量选择书面语表述，成语、好词好句也要有所体现，这样会让作文语言显得更精练。

以上为作文时的最基本要满足的条件，这只是帮助考生尽量在该得分的地方不被扣分，其实好的作文还是需要不断地练习，作文路漫漫，上下求索之。

语文教学现状的几点思考

课下很多的语文老师都会感叹：现在的学生不爱学语文啊，根本不会好好听语文课，语文课成了他们“养精蓄锐”的一门课，这让从事语文教学工作的我们汗颜，为什么语文教学就变成这样了？语文教学果真这么难？语文课真的就这样无趣？我深深地反思。

语文教学从学生进入小学学段就已经开启，随着时间的推移，在完成基础的拼音、汉字的教学后，又会进入到一个新的领域，语文教学在知识的扩展与迁移上又有新的认知，知识型语文教学范式是应试教育的产物，也许正因为应试教育的施行，让学生找不到学习语文的乐趣，终日在背诵、识记上下功夫，苦不堪言，因此，很难感受到语文这个学科带来的“美”。

当前新课程改革教学强调实践能力与创新能力的培养，语文教学从语义教学走向语用教学。就是师生共同探讨和学习如何使用好语言，通过对具体语境中话语的揣摩、感悟、探讨、运用学习并获得阅读、表达、鉴赏和交际的素养和技能。

《基础教育课程改革纲要》和新的语文课程标准，提出了一个新的概念——语文素养。语文素养是个综合概念，是语文学科中知识和技能、过程和方法、情感态度与价值观的统一。

语用教学体现了语文素养的核心理念。文字问题和语言表达问题是义务教育阶段语文教学的首要任务，高中阶段语文教学不仅要提高语言表达水平，还要渗入更多的生活体验。

语文这门课程是母语教学，也正因此遇到很多尴尬局面，很多高中生对语文不够重视，一是感觉语文的题目没有任何读不懂的地方，但做题却不能收获高分，就是由于组成题目的汉字都认识，没有任何疑难杂字，停留于表面认知，而不深入题目内部去进行更深层次的思考，造成字都认识，题总答不对的问题。久而久之没有解答理科题目的答题成就感，字都认识，题目都能读得懂的印象在每一次语文考试都周而复始地出现，但从未引起学生的反思。

于此，我做出了以下几点思考。

一、从语文教学者的角度反思

语文教师在语文教学过程中起到的作用是不可估量的，我们听过一个学生因为不喜欢这门学科的老师而产生对这门学科的厌学情绪，反之，学生如果能对语文教师有所喜欢和崇敬，那么也会进而转为对语文学科的学习兴趣。所谓“亲其师，信其道”，语文教师怎么让学生“亲”之后让学生“信”，我想就不单纯是一个外在容貌与长相的问题。老师的教学理念、教学方法、教学模式都会给学生带来很大的影响。

1. 明确教学理念。

就教学理念而言，首先得明白教学理念为何物？老师是盲目地拿到教材、教案就开始实施教学，还是对自己的教育教学有着充分的认识和思考。教学理念是对教学认识的集中体现，同时也是人们对教学活动的看法。老师持有的基本的态度和观念，是从事教学活动的信念。教学理念有理论层面、操作层面和学科层面之分。明确表达的教学理念对教学活动有着极其重要的指导意义。

有一个语文教学理念我很赞同：语文教学生活化，学生生活语文化。老师们对自己的教学理念能否有比较系统的了解，在教学实践中是否灵活运用了，是否收到好的结果，确实需要一个过程，坚持做教学总结和反思对于促进语文教学有很大的帮助。

2. 打造高效课堂是否落实到位。

新课改实施课堂教学过程中提出，教学活动中，学生才是主体，如何反映学生的主体性？例如，要让学生分组合作、讨论，是否把桌子摆成特有的几个圆形，大家在一起闹哄哄地讨论就是合作探究了？学生讨论的问题有多少是有效的？老师得反思，在讨论问题之前，自己设置的讨论方向，讨论的重点是否提前做了充足的准备，讨论之后学生有没有小组总结性的发言？学生的独立思维能力和自主探究的能力是否得到了锻炼。高效课堂的打造是多方位的全面性准备，只有教师备教材，备教法，备学生都做到位了，才会出现高效课堂。

3. 教师自身的专业素养。

高中时我遇到的几位语文老师都让我记忆深刻，他们年纪不同，老中青三代人，但各有各的特点与魅力。年纪大的很博学，中年的有耐心，年轻的有活力；共同点是都在努力的学习，与时俱进。但是有的老师上课，没有找到自己的教学定位，过于追求花里胡哨的教学方法，一节小说课可以花三分之二的时间看电影，学生看的时候确实气氛活跃，学生也在轻松的观影中完成一节课的学习，结果却没有想象当中的那么好。有的教学内容脱离文本，游离于课文之外去拓展延伸，与课堂的教学目的毫无关联。吸引学生的眼球，让学生喜欢语文，有时只需要让学生感受到语文老师的专业素养，如在学生面前能熟背课内要求背诵的诗文，给学生讲述课文及名家背后有文化底蕴的故事，给学生指导作文时能展示自己的文章……让学生从心里佩服自己的语文老师。

二、从学生学习表现的角度反思

学生厌倦了墨守成规的语文教学模式，一篇文章的学习，学生大致可以总结：作者介绍、背景介绍，解题，划分层次，归纳主题，赏析重要的字词句。长此以往，学生已深知，语文学习就这样，没啥意思。由此我的语文课做了以下调整，学生自己能弄明白的识记类知识，上课我不花时间专门解说，让学生课下自己完成。

1. 创新教法。

例如一篇文章，我提前设置几个主要的问题布置下去，学生在我没有任何讲解时就需要独立完成问题的解答，回答问题的同时之前布置的预习课文，读准字音等问题就完成了。再例如，我布置学生针对要学的文章自己去拟问题，设置答案，每个人都做这个准备，第二天课堂上用自己围绕课文设置的问题在班上提问别的同学，在同学回答完毕后自己来进行点评。教师当然不能放任不管，整个过程老师要注意学生提出的问题，并进行总结和点评，最后让大家对这篇文章有一个正确的认知。

2. 利用作业，提升学习兴趣。

许多学生对于作业的态度是不友好的，认为作业枯燥无味，对于利用作业做积极的思考，提升学习兴趣，我也花了不少心思。写作业若始终处于被动状态，兴趣也就无从谈起。例如我布置了让学生写一个“吵架”的场面，要求通过这个场面，从人物语言、动作能看出性格特点，学生一听兴趣来了，原本要求 600—800 字，可最后班上 60 个学生最少的都写了近千言，更有一个学生写了半本作文本，还有把“吵架”升级为“武侠小说”，写得有板有眼的。我从中也得到了启示，不是学生不爱做语文作业，是作业的布置应调动他们的积极性，又能提升语文能力。

3. 从提升个人综合素养的角度出发。

语文的学习是需要时间累积的，告诉学生，最能直接体现一个人文化素养的学科实际上是语文，一个人的言谈举止、说话的语言、表达观点的思路、话语内容的文辞，都能反映这个人的素养，而这些恰恰是语文的生活化表现。我曾举例，

“他一转头，看到了她深邃的眼眸”和“他一转头，看到了她大大的眼珠”也许意思是差不多的，但表达效果却截然不同，学生们在哄堂大笑中明白，语言的魅力也是一个人华美的装饰，提升语言的魅力和学好语文密不可分。

新颁布的《语文课程标准（修订稿）》明确提出：“公民具备良好的语文素养，是现代社会综合发展的要求。”语文课程的基本特点是人文性与工具性的统一，语文学科的这种特有的性质，决定了语文学科在培养和提高学生综合素质方面的积极作用，但是在应试教育环境下，语文教学对学生综合素质的塑造并不乐观。

语文的教学现状，学生不够热爱语文学习的现象依然存在，且在一定时期内可能会长久存在，让学生重新热爱语文这门学科，让语文课堂成为真正的有效课堂，确实是语文教学工作者应不断地去反思的问题，在教学中注意自身的专业提升，多学习，多思考，从现在学生的角度去看待如何学习语文？什么样的语文课堂是学生想要的，是有效的。我想，通过不断地探索和思考，学生和老师都会在语文的学习生活中找到答案，感受语文书中的文化自信与自豪。

第二章 语文学科的人文性

语文课是一门人文学科，能使学生的思想感情受到熏陶感染，从而影响学生的人格、情感、意志、性格、品质等，在语文教育的感染熏陶作用下，发展学生情感价值观。

古诗词带来的审美愉悦感

诗词歌赋是人们对我国传统汉文学的概称，虽然如此，这一称谓几乎可以说是概括了中国传统文化的精髓和文化，古典诗词是我国文学宝库的珍宝。四言诗经、五言古风、唐诗宋词……构成了诗歌国度中无比壮丽的景象，它们饱含着丰富的文化内涵和审美意蕴，是我们祖先智慧的结晶，是中国文化最灿烂的瑰宝之一。清词丽句，恢宏奇伟；遨游诗海，美不胜收，无一例外都有我们中华民族的精神所在。在所有的诗词歌赋当中，也体现着深刻的美学思想。

欣赏诗词歌赋带来的审美愉悦是很难言说的，单用一个“美”字是难以概括的。

审美愉悦（aesthetic cheer）是指由审美刺激而引起的个体心理上的快乐感受。包括三个层次：审美感性愉悦、审美领悟愉悦、审美精神愉悦。审美领悟愉悦指由于对审美对象的理解而产生内心快慰的美感状态。通常表现为对深刻内容和真理领悟的快慰。这种境界的理解和想象因素相对突出，情感愉悦相对稳定、持久和深刻，具有朦胧多义的特点，常令人反复玩味、兴起、愉快。它是较高层次的境界，须经过一定的审美教育、审美修养以及文化修养才能达到。它表明审美感已进入心灵自由的境界，标志着审美理解和想象的成熟。审美精神愉悦指由于高级心理因素如道德观、价值观、信念等的呼应而产生的美感状态。也称悦志悦神的审美境界。

高中语文教材的诗词歌赋占教材的比重很大，据统计，现行高中语文必修和选修教材中有70余首古代诗词作品，2019年教育部公布了高中部分教材的统编情况，即将陆续推开使用的语文统编教材中，共选入古代诗文67篇，占全部课文数（136篇／首）的49.3%。语文教材中对古诗词作品的大量收录，让高中生的古诗词作品欣赏面更宽，这对于培养学生对古诗词的审美鉴赏能力大有裨益。

审美愉悦感受包括三个层次：审美感性愉悦、审美领悟愉悦、审美精神愉悦。

一、审美感性愉悦

审美感性愉悦属于较浅层次的审美愉悦感，可以说是最表层，最直接的审美感受，也是针对古代优秀的诗词歌赋、文字辞藻、平仄声韵的审美感受。鉴于古代诗歌的题材分类不同，所表现的语言风格也不同，阅读后的审美也就不同，初读诗歌往往只停留于表层的审美感性。例如：田园诗歌平实质朴、朴素自然，语言力求平淡，不追求辞藻的华丽，显现出质朴无华；边塞诗大多雄浑，磅礴，描写的景也气概恢宏，气势浩瀚，气魄雄伟；怀古诗古今对比，昔盛今衰，让人唏嘘感慨，不同的作品或平淡，或率性，或色彩缤纷，或景象绮丽，或平淡恬静。太白潇洒飘逸，高洁特立；杜甫沉郁顿挫，浓郁蕴藉；东坡旷达不羁，通脱豁达；易安婉约细腻，哀怨缠绵。

不同的文人雅士就算碰到同样的景和物用词用语也不尽相同，不同的时代、不同的诗歌流派展现出来的作品因其语言不同带给人们的审美感性愉悦也不同。

人的情感“喜、怒、哀、乐，情也。其未发，则性也”。当人们看到客观的外物，自然会有感性层面的认知，引起的喜恶感受会有一个直观的体验，情感抒发是人本性的正常流露，以描写美丽春景的古诗句为例子，“日出江花红胜火，春来江水绿如蓝”，我们从初日、江花、江水之中获得了色彩，又因烘染、映衬的手法形成了人们想象中的图画，色彩绚丽耀眼，让人第一眼就能体会文字的美，风景的美。“碧玉妆成一树高，万条垂下绿丝绦”是用拟人的修辞手法，把柳树拟人化为一位梳妆打扮的女子，写出了柳树满树翠绿，亭亭玉立的美丽模样，最直接地让人感受到了感性的愉悦，“杨柳阴阴细雨晴，残花落尽见流莺”同为春景，这是一个细雨初晴的春日。杨柳的颜色已经由初春的鹅黄嫩绿转为一片翠绿，枝头的残花已经在雨中落尽，露出了在树上啼鸣的流莺。这是一幅典型的暮春景物图画，与前者春景诗歌相较，显得感伤。残景使人哀，虽是哀情，能读出来也是一种审美心理体验。

二、审美领悟愉悦

审美领悟愉悦，就其“领悟”二字，较之前者的“感性”而言，有了进一步深入，“感性”若只停留于诗词的文字表面，那“领悟”就更近一层，到达文字背后。文字背后有什么？答案是“情”。“领悟”之美体现在人通过感官所产生的心灵触动。人的各种感觉器官中，只有视觉和听觉是审美的器官，而在古代诗词歌赋的文字描写中，从感官的角度去下笔，屡见不鲜，这就是文人们要通过调动人的感官去触及精神、调动情感。优秀的古代诗词只有华美的辞藻、精心修饰的语言是远远不够的，数遍之后便也读之无味，兴趣索然。优秀的作品是能够让人领悟文字背后的美，从而去感受这份美。说得太抽象，领悟的到底是一种什么样的美？实为景之后、物之余的情感美。停留于表面的文字美若无深厚的情感底蕴作支撑则难以久远，也不足以产生精神上的美感。如苏轼的《定风波》中所描写的“料峭春风吹酒醒，微冷，山头斜照却相迎”“回首向来萧瑟处，归去，也无风雨也无晴”。春寒料峭，细雨斜风、山头残照，这些皆是作者带给我们的视觉冲击，让我们随着作者的词看到了包括线条、色彩、形状等构成的表现美和生活意象构成的再现美。在这样的境遇中，不难体会到这一语双关的“也无风雨也无晴”背后的旷达洒脱，在领悟后所获得的审美体验就形成了一种赞赏，钦羡苏轼这种豁达心态的愉悦感。

古代诗词歌赋，情感也较为稳定，大致可有忧国忧民之感慨、国破家亡之痛楚、游子逐客之凄凉、征夫思妇之幽怨、怀才不遇之寂寞、报国无门之激愤、建功立业之豪迈、自由悠闲之恬淡、秀美山河之热爱、亲情友情之真挚、归耕隐居之怡乐、黑暗官场之苦闷、离别思念之愁绪、贬官谪居之悲恨、韶光易逝之感慨。

诗言志，诗言情，这是创作的根本目的，若在读取这些古代的诗词歌赋中，因为这样那样的原因难以领悟作品的情感，大致是作品的失败，抑或是读者的阅读能力有待提升，无法从大量的诗词作品中去“领悟”，那也就无所谓之后的愉悦。

三、审美精神愉悦

审美精神愉悦则更为深入，在景和情之后，还有什么让人有所感受的？在我而言，审美精神愉悦就是能进入作品中另一个非物非象非情的艺术境界，这在诗词作品中称为“意境”。

之前授课，学生问诗歌情感和意境是一回事吗？

答曰：不能等同，但又不无关系。

“意境”，是指情景交融的艺术形象和它引发的想象中的形象的总和。其基本特征是虚实相生，换言之，就是作者的主观情思与客观物境相互交融而形成的艺术境界（袁行霈语）。意境强调的是主观与客观的关系。是一种情与境的高度融合。解读诗歌的意境，除了读懂诗歌所传达的思想内容之外，还应了解意与境交融的方式。一般来说，意境能够反映几个方面的人生体验，即抒写个人情感的、歌咏美好事物的、抒发家国情怀的。当代学者袁行霈将意境划分为诗人之意境、诗歌之意境和读者之意境。意境是作者把自己的思想情感，通过生动的画面表现出来，达到“内情”与“外物”相统一而具有艺术感染力的境界。意境是情与景的水乳交融，是形神情理和谐的融合。换句话说，意境是文艺作品思想意义与艺术形象高度统一的艺术环境，是作者渗透了美学思想和情感而创造出来的艺术形象。

这不得不提古代诗词作品中的一个重要概念——“意象”。从词语的组成便知，“意”从“心”是主观的情感，“象”即“物”是客观的存在，二字组合便有了“意象”，客观存在的外物一旦进入到诗人的诗词作品中便不再是一个客观存在，变成了带有诗人主观情感的物象，即“意象”。如“孤帆远影碧空尽”中孤帆这个意象，客观存在也有“帆”，只是不会“孤”，诗歌中的“帆”明显沾染了诗人的主观情感，因而区别于客观存在的“帆”而成为意象。多个意象出现在诗中，因为意象量的增加，而组成了一个“境”，若置身于此境中，细细体味自然能感受这“境”中沾染的情。要创造诗歌的意境就必须处理好意、象之间的辩证关系。这一关系，从内容上说，表现在物与志、景与情、事与理、人与意的辩证关系；从形式上说，表现在藏与露、虚与实、跳与联的辩证关系。

意境是中国文艺理论和古典美学的一个重要概念，它代表着一种重要的审美形态。意境是一切文艺作品，特别是诗歌所追求的审美目标，是我国传统的文艺鉴赏中所极为重视的一个审美课题。诗歌论坛上有句话，叫“诗歌好不好看构思，美不美看意境”，事实也是如此。审美精神愉悦实际上就是在境中去感受那层飘忽得抓不住，但又真切能寻味的审美境界。给学生举过一个简单的例子，置身竹林中，看到青翠欲滴的竹子，清风徐来，竹叶轻晃，情感是欢欣愉悦的，感受到的氛围是幽美恬静，让人飘飘欲仙，享受这境界，就因它带给你的已经不单纯是高兴快乐，可能还有情操上的高洁雅致，感觉自己已化作竹林“第八贤”。

意境这一名称最早见于王昌龄的《诗格》。其诗有三境说：一曰物境，二曰情境，三曰意境。中唐刘禹锡的《诗论》中开始提到意境，刘禹锡在《董氏武陵集纪》中说：“诗者其文章之蕴耶？义得而言丧，故微而难能，境生于象外，故精而寡和。”这段话可以说是意境说的创始。刘禹锡的“境生象外”最合于意境的理论。晚唐司空图的《二十四诗品》实际讲的都是各种境界，即如何创作出“雄浑”“高古”等境界。明清至近代是意境理论的深入发展时期，王国维说：“词以境界为上。”他又将有无意境作为衡量诗歌艺术高下的一个标准，这一标准具有合理性。

“意境”所涉及的领域或范围是很广泛的，音乐、戏剧、美术、体育、绘画、文学等很多方面都有其自身的意境美感，诗歌作为文学中的一种独特的样式而存在着，它以语言文字的物化形态荷载着诗人的心灵世界。因此，无论是审美感性愉悦、审美领悟愉悦、审美精神愉悦，在这些诗词歌赋中都有美学映象，这不仅反映了各个时期人们对美的追求，也反映出人们的思想越来越趋于自由。在我们中华民族悠久的历史文化长河中，也有着悠久的审美历史，我们不固守传统，要创造现代的新审美传统，才能使中华民族审美文化不断焕发新的生命力。

参考文献：

[1][德] 黑格尔 . 美学 [M]. 北京：中国商务出版社，1979.

[2] 林崇德 . 心理学大辞典 [M]. 上海：上海教育出版社，2003.12.

在语文教学中传承优秀传统文化精髓

中华传统美德是中华传统文化的精髓，如仁义礼智信“五常”、孝悌忠信礼义廉耻“八德”等，是中华民族在漫长发展历程中生生不息的主要支撑，必须努力传承和弘扬。语文教学中融入传统文化教育，帮助学生塑造文明有礼的人格，传承中华民族优秀文化精髓亦是为创建文明和谐社会添砖加瓦。

《普通高中课程方案》中说道：语文课程对继承和弘扬中华民族优秀文化传统和革命传统，增强民族文化认同感，增强民族凝聚力和创造力，具有不可替代的优势。中华民族优秀的传统文化有的体现在有形的物质方面，有的体现在无形的精神方面。对于无形的精神层面的传统文化尤其是与中学生日常生活学习息息相关的文明礼仪的继承和发扬在中学语文课程中显得尤为重要。然而现阶段文明礼仪教育在中学语文教学中却处境尴尬。

高中语文有一本选修教材《中国文化经典研读》，是在“中华传统文化经典研习”的基础上，选择中华优秀传统文化的内容组成专题进行深入研讨，这本教材旨在加深对传统文化的认识和理解，增强传承、弘扬中华优秀传统文化的自信心、责任感。

语文课中要求学生选读体现传统文化思想精华的代表作品，参阅相关的研究论著，增进对中华文化核心思想理念和中华人文精神的认识和理解，体会中华文化创造性转化和创新性发展的趋势。围绕中心论题进行有准备的研讨，围绕专题选择合适的方式展示探究的成果。

我每次到新任班级开展教学工作，第一节课都会带着一个非常重要的任务，就是解读语文这门课程的意义，现在有部分学生在语文学习上很功利，认为学了能增加分数的，能提高自己成绩的，就会表现得努力一些，例如识记类名篇名句的背诵与默写，背下、记下就能直接体现在分数上，至于意义能否完全领会，或者说为什么考试会有要求学生背诵默写优秀的经典文化作品，学生倒不完全明白。当教师和学生疲于应付考试时，对于文本中传统文化精髓的传承也就只能流于表面了。

优秀的传统文化在语文教学中的如此处境，究其根本原因是作为课堂教学主导的教师将语文课程的工具性和人文性对立了起来，并把这种观念渗透到了学生的思维里。这是有违“工具性与人文性的统一是语文课程的基本特点”这一理念的。因而中学语文教师应采取一系列方式方法将无形的文化影响渗透到日常教育教学工作中，以达到“润物细无声”的效果。我在语文教学中有如下这样一些做法。

教师的言行举止应当举止有礼，行为示范，做好表率。我的第一节语文课，会在教学内容中涉及语文课的意义，其中有一个环节就是让学生明白语文课承载着一项重要的使命，即传承中华优秀的传统文化，培养学生的人文精神和道德素养。我常给学生举例：两盆花，在同样的环境中生长，其中一盆增加了肥料之类的营养元素去滋养，花朵会更鲜艳，枝叶会更繁茂。而另一盆花没有特别增加的营养元素，也能顺利生长，只是两盆花在一起比较就会显示出差异。人也如此，语文学习中的很多内容，例如传统文化的知识等内容就如同注入花盆的营养元素，势必让人的综合素质更全面，成为“文化人”。当然也增强了文化自信，对中华文化增加认同感。

发掘文本中的优秀传统文化元素。在语文教材里，无论是必修还是选修，对于教材的选择都不遗余力地推广中华优秀文化的传承性。例如在必修教材中有关于中国传统文化的内容主要有以下几类：汉语言文化的内容有《优美的汉字》《奇妙的对联》《成语》《影视文化》；中国古代优秀文学作品中涉及不同体裁，有古诗词、戏曲、小说、散文；体现中华传统人文精神的中华历史文化故事，如《廉颇蔺相如列传》《苏武传》等，还有体现中华古代建筑文化的文章，如亭台楼阁中的文化作品《赵州桥》《颐和园》《苏州园林》《登泰山记》《中国建筑的特征》一类，还有展现中华节日、风俗的作品，等等。

除此之外，选修教材还有《中华文化经典研读》《中国古代诗歌散文》《先秦诸子作品》《中国民俗文化》等。

《高中语文课程方案》中提到发挥语文课程的独特功能，

促进学生语文学科核心素养提高普通高中语文课程应重视对学生情感、态度与价值观的正确引导。教学时应注意教学内容的价值取向，发挥语文课程的熏陶感染作用。尊重学生独特的学习体验，引导学生在语文学习中接受优秀文化的熏陶，获得丰富的审美体验，形成良好的人文修养，树立正确的世界观、人生观和价值观。

语文学科核心素养的四个方面既各自独立，又相互依存；既各有侧重，又相互融通。必修和选修课程都应该围绕核心素养，整合阅读与鉴赏、表达与交流、梳理与探究，引导学生积极参与丰富多彩的语文实践活动，促进学生在语言建构与运用、思维发展与提升、审美鉴赏与创造、文化传承与理解等方面的全面发展。

语文是实践性很强的课程，应着重培养学生的语文实践能力，而培养这种能力的主要途径也应该是语文实践。同理，渗入语文教学的中华文明礼仪也更应在实践中得到真正意义上的继承和发扬。

传承红色基因，提升语文课的育人效能

弘扬革命精神，传承红色基因，是习近平总书记新时代中国特色社会主义思想所蕴含的厚重情怀。而语文课程是红色教育的主阵地，语文教师除了要给学生传授语文基础知识、基本技能外，还要将红色基因注入学生的灵魂中，挖掘那些“曾经”的故事，发挥其效能。

教材注入红色，育人载体展新篇

教育的根本任务是立德树人，而教材则是立德树人的载体之一。传承红色基因，语文教材的选编至关重要。

据教育部消息，2019 年秋季新学期开始，由教育部主编的语文教材实现全年级全覆盖。统编教材中，加大了红色经典比重，加强了革命传统教育，旨在让青少年学生在历史与现实的交织中：牢记历史，立足当下，感悟责任与担当。

小学篇：《灯光》一文中从郝副营长身上看到了舍身为后续部队引路的壮举，看到了先烈的无私奉献精神；在《为中华之崛起而读书》中读出了周恩来的博大胸怀和远大志向，感受到为国家繁荣和民族振兴而刻苦学习的远大理想。还有一群英雄人物：《狼牙山五壮士》中的五壮士，《小英雄雨来》中的雨来……学生从表现英雄壮举的感人文字中，感受他们的英雄气概，弘扬民族精神，激发爱国热情。《朱德的扁担》《金色的鱼钩》，则表现了红军战士忠于革命的崇高品质。

中国工农红军在毛泽东和中国共产党的领导下战胜艰难险阻的大无畏精神、英勇豪迈的气概和胜利后无比喜悦的心情，从《长征》《青山处处埋忠骨》中能领略毛泽东作为诗人的豪情和作为一代伟人的博大胸怀、高昂气质。《毛主席在花山》表现了依靠群众，关心群众，坚持和群众同甘共苦的崇高品质。这是毛泽东一贯的思想，一贯的作风。

没有英雄的民族是可悲的民族，而有了英雄却不懂得珍惜的民族，是没有希望的奴隶之邦。革命英雄的情感和价值观是中华民族宝贵的精神财富，值得当代青少年继承和弘扬。

初中篇：七年级下册收录了《邓稼先》，八年级下册《纪念白求恩》中有位毫不利己，具有革命主义奉献精神的白求恩；《黄河颂》《沁园春·雪》，表达了作者对祖国的壮丽山河和无产阶级革命英雄气概的歌颂，极大地鼓舞了全国人民的革命斗志和胜利信心，表达了作者作为革命家的英雄气概和壮志豪情；八年级下册的《回延安》，诗人以赤子之心歌颂了养育一代革命者的延安精神，从中可以感受到诗人跳动着的脉搏——对“母亲”延安的那份永不泯灭的真情；《最后一次讲演》中敢为正义而不惜牺牲生命、在争取和平民主的斗争中奋力拼搏、浩然正气的精神；九年级上册的《我爱这土地》，借用象征手法书写自己内心最真挚的爱国情感，以及对祖国大地的眷恋之情；《梅岭三章》，表达了献身革命的决心和对革命必胜的信心。他的革命乐观主义精神，成为中华民族的宝贵精神财富，激励着一代又一代华夏后人为中华民族的伟大复兴艰苦创业，勇往直前，成为爱国主义诗歌的优秀代表作品。

名著导读——《红星照耀中国》的魅力在于描绘了中国共产党人和红军战士进行坚韧不拔、英勇卓绝的伟大斗争，以及他们领袖人物伟大而平凡的精神风貌。

高中篇：《沁园春·长沙》通过对长沙秋景的描绘和对青年时代革命斗争生活的回忆，抒写出革命青年对国家命运的感慨和以天下为己任，蔑视反动统治者，改造旧中国的豪情壮志。表达了诗人对革命根据地、革命战争的赞美之情，和革命的人生观、世界观；《采桑子重阳》表达了诗人宽广的胸襟和高度的革命乐观主义精神。《小二黑结婚》歌颂了民主政权的力量，反映了解放区的重大变化。《井》是现代诗人杜运燮于 1944 年创作的一首新诗，这首诗写于抗战年代，诗中借人格化的“井”塑造了甘于寂寞、默默奉献的生命形象，并以井喻人，赞扬勇于自我牺牲的高贵品质。《红旗谱》讲述了“九·一八”事变时期北方社会错综复杂的阶级关系，展现了二十世纪二三十年代中国共产党领导中国人民进行革命斗争的伟大历程。1942 年，抗日战争进入了关键时期，同年 2 月，诗人满怀“国家兴亡，匹夫有责”的豪情，毅然踏上缅甸抗日战场担任翻译工作。穆旦的代表作之一《春》即创作于此时。诗歌收录进了高中语文教材《中国现代诗歌散文》

中。

语文教材中的红色经典作品成了育人载体，通过这些教材，学生们从小学开始就能接受红色文化的精神洗礼，了解过去的英雄形象，懂得今天幸福生活来之不易。

“忘记历史意味着背叛”，我们唯有牢记这“红色”的历史，回顾过去，才能更加热爱自己的祖国和人民。

教师注入情怀，育人方式三步走

课前：熟教材、明目标、理思路

对于将要学习的“红色教材”，语文老师在课前需要对教材做认真的思考，制定出教学目标，针对所学文体特点完成设计，了解教材语言，艺术手法，体会表达效果。其中重中之重是感受情感律动。理解语言中所包含的情感态度和价值观目标，继而把整节课的总体思路设计好。师生通过学习目标进行课堂互动，教学中语文老师切忌一言堂，始终以学生为主体。

课中：重教法、明态度、注情怀

红色的教材曾被网友认为已经脱离时代，无法引起学生共鸣，呼吁清理出语文教材中。其实不然，“红色基因就是要传承”，在红色经典的讲解中如何引领学生将传统与现代交汇，如何与时俱进地在红色文化、革命精神中汲取正义能量，语文课堂中语文教学所采取方法也尤为重要。

红色教材只是教育的载体，而语文教师的方法和态度，是否有这份情怀，才是为学生重燃时代变迁后对红色教材的热爱之火的关键。

语文的教学方法是灵活多样的，针对毛泽东的诗歌等可以通过阅读法，针对故事性强的文章如《小英雄雨来》《金色的鱼钩》等可以采用讲授法，请学生讲述、讲演、复述，甚至还可以用表演的方法进行演绎。如果有条件还可以借鉴实践法的访谈、参观等方式亲临红色教育基地实地考察，通过写心得感受的作业方式让革命精神植根于学生的心中，将红色精神传承、发扬下去，进而焕发出更加灿烂的光辉。目前语文教师用得比较多的是电教法，即通过多媒体教学方式，在课程中融入视频、音乐等多媒体手段激发学生的学习积极性。教学方法的多样化有助于学生更好地接受红色经典教育，更大程度的发挥强大的教育作用。

授课中，语文老师对待红色经典作品的教学态度和个人情怀也会对学生产生极大的影响，语文教师需要注意把握讲解分寸，避免机械说教，也不可戏说搞笑，应注意言语形式的把握。

课后：善总结、勤反思、找不足

作为一线语文教师，有责任、有义务将语文教材中的红色经典讲透彻、讲生动、讲灵活，从而让红色经典渗透于学生心中，让学生接受红色教育的洗礼。

通过讲授红色经典著作写下课后的感想，做出课后反思。要让革命精神植根于学生的心中，就先要深植于教师心中。

所谓“什么样的老师就会教出什么样的学生”，将红色精神传承、发扬下去，进而焕发出更加灿烂的光辉。

红色基因根植于革命先烈之中，弘扬革命精神，让先烈们的精神得到弘扬，这是传承红色基因的本意。

红色经典作品的需求始终不会过时，无论现在还是以后，因为它的精神早已融入人们的血液中。红色基因要传承，中华民族从站起来、富起来到强起来，经历了多少坎坷，创造了多少奇迹，要让后代牢记，我们要不忘初心，永远不可迷失方向和道路。

作为一线语文教师，有责任有义务将语文教材中的红色经典讲透彻、讲生动、讲灵活，从而让红色经典渗透于学生心中，接受红色教育的洗礼。

《边城》教学中的民俗美

在教学中，我偏爱沈从文的小说《边城》。最初，我自己也道不明，随着教学时间的增长，我明白让我迷恋的是那文中恬静、幽美的山水风景，还有文中纯真的人性之“美”，其中最突出的还有那浓郁的民俗风情。

一切的美好就诞生于这遥远的小城。怀着对故土的无限眷恋和热爱，沈从文用他那细腻而真挚的情怀，恬淡优美的的文字，精心描绘出一幅千里沅水及各支流两岸灵秀的风光和边城人民独特世态人情的画轴。充分体现了作者对质朴、憨厚人性美的赞美和追求。

《边城》的情节很普通。它以撑船老人的外孙女翠翠与船总的儿子天保、傩送的爱情为线索，表达了作者的内心追求以及与这追求相互照应的田园牧歌情调，主要通过对青年男女之间的情爱、祖孙之间的亲爱、邻里之间的互爱、父子手足之间的爱等世态人情的细致镂刻，生动地展现出边城人的健康、优美和质朴的人性爱和人性美的。

就在这简单的故事中，渐渐流露出这小城独特的美及当地的民俗风情，也对故事中翠翠美好情感的发生做了很重要的环境铺垫。

有几处描写让人印象至深：每到特定的节日时，男女成群唱，成群舞。年轻人利用唱歌向心上人表达爱慕之情，是歌使男女结合起来，这里没有金钱、门第观念，无须父母之命媒妁之言，这是何等朴素自由而又浪漫的风情！《边城》里面，老大天保走的是车路（托人说媒），得不到翠翠的芳心，可傩送走马路（月光下唱歌），只一晚，翠翠梦中的灵魂“漂浮”起来了。

与汉族相比，苗族人喜欢饮酒，迎春节更是要开怀畅饮。年轻人迎春节穿新衣，把礼物送到相好的女子家里。年轻的男女聚集在一起，吹芦笙，在月光下唱歌跳舞尽情欢乐。老年人也聚在一起，讲述各种光荣历史与渔农知识，诉说过去，展望未来。富有特色的湘西节日活动，使读者进一步了解了湘西人民生活。

还有端午节的那段描写：湘西也有自己特有的庆祝方式。在《边城》里，端午节是一年之中最热闹的日子之一。“到了那天，妇女小孩子，莫不穿了新衣，额角上用雄黄蘸酒画了个王字。任何人家到了这一天必可以吃鱼吃肉。大约上午十一点左右，全茶峒人就吃了午饭，把饭吃过后，莫不倒锁了门，全家出城到河边看划船。划船的事各人在数天以前就有了准备分组，分帮，各自选出了若干身体结实，手脚伶俐的小伙子。凡把船划到了前面一点的，必可领赏，一匹红，一块小银牌，缠挂到某一人头上，皆显出这一船合作的光荣。”划完龙船之后，又有缚了红布条子的雄鸭，放在水中让人泅水去捉。不论谁把鸭子捉到，鸭子就是谁的了。虽然端午节不是小说的主要内容，但起到了穿针引线的作用，翠翠和傩送的爱情悲欢离合也因此油然而生。

沈从文从小居住在苗、汉、土家族杂居的地方，那里交通阻塞，经济文化落后，人民生活在半原始的状态之中，因此保留了不少原始社会的风俗。在他醉心描写自然风景的同时，力图追求贯穿其中的安谧而迷人的生活情景，更着力于湘西文化的深层蕴含，如通过写节日活动、地方习俗、神话传说、民歌民谚等，为读者呈现出湘西地区特有而迷人的民俗风情画。

民俗又称民间文化，是指一个民族或一个社会群体在长期的生产实践和社会生活中逐渐形成并世代相传、较为稳定的文化事项，可以简单概括为民间流行的风尚、习俗。可以简单地说，民俗就是民间的风俗。

边城中的本地居民的平日生活状态，传统节日活动，男女爱情的表达，无一不流露出当地的风情风貌。《边城》描写的端午节勾勒出一幅绝美的风俗图。纯朴的人民以一种近乎虔诚的心态、激动的心情来感受这一天任何时刻的美妙之处。这种传统的节日里，我们可以感受到湘西人民洋溢着乐观情绪的人生状态。人与自然、社会的环境完美融合在一起，美丽的山水、健康的心灵、传统的节日，形成了湘西独特的人文景观。

高中语文选修教材《中国民俗文化》里提到，民俗似乎离我们很遥远，其实它就在人们的生活中形成并代代传承，是民族文化遗产的一部分。一个人从一出生，就在一个特定的民俗文化环境中生活。语文是反映生活的，当然也包括民俗文化。我们学习语文，同时也能学习民俗文化。我们在学习中如果不加留意，就会失去很多了解各地民俗文化的机会，从而对中华民族的一些重要民俗事项和民俗文化没有更加亲切的感受和更加深入的理解。

除了语文课堂教学外，还可以利用本地的优势，尤其学校地处少数民族地区的，更是给学生提供了了解本地民风民俗的绝好条件。当地的布依族、苗族都有着各自不同的文化习俗，饮食、服饰、语言文化都各有特点。文化满足学生的好奇心，可以布置写作让学生了解少数民族生活习惯、婚丧嫁娶等民俗文化，通过这些让学生们感受节日文化和民俗的迷人之处，也能加深对其文化内涵和精髓的理解。

民俗文化囊括了民间广泛流传的各种风俗习惯，中国民俗文化也是中华民族传统文化的重要组成部分。

作为高中语文课，除了语文的学科知识要学习，语文课更要着眼于学生语文素养的提高。对于语文课中出现的民俗文化现象和身边的民俗风情，不应该只是一种知识的记忆，而要在实践中去直观地感受和体悟。

语文学科中工具性与人文性的和谐统一

语文的积累、语感、语文学习方法和习惯、识字写字能力、阅读能力、写作能力和口语交际能力是语文学科中工具性的体现。

而思维品质、文化品位、审美情趣、知识视野、情感态度也可以看作是人文性的体现。

换句话说，语文学科的工具性和人文性是语文素养的重要特性，语文素养在语文方面表现出的“比较稳定的、最基本的，适应时代发展要求的学识、能力、技艺和情感态度价值观”，具有工具性和人文性统一的丰富内涵，这是语文课程标准中的一个核心概念。二者的关系应是缺一不可、和谐统一的。

斯大林说：“语言是工具、武器，人们利用它来互相交际，交流思想，达到互相了解。”语文的工具性，指的是语文是一门基础工具学科。

语文是最重要的交际工具，是人类表达思想感情、交流感情、传递文化的工具，也是学好其他所有学科的工具学科。

人们在交流沟通、考试审题、归纳概括……出现问题时，常常会换来一句“你语文没学好”的回答。可见语文的工具性特点。

我在授课中常常给学生说：如果你留心观察，生活中处处有语文，语文无处不在。实际总结下来，生活中处处有语文，主要是语文工具性特点的体现，例如，刚看完一部精彩的电影总想推荐给朋友，你对电影故事情节的大概描述是语文语言表达的归纳、概括，在网上看到让人义愤填膺的事件，作为一名有正义感的网民要在留言区发表自己的看法，一开头便是：这件事情，我认为……这不正是运用了议论的表达方式？许多广告商利用谐音、一语双关、句子歧义等来制造笑点和噱头，这些统统都是语文工具性特点在生活中的体现，归结种种，语文的这一特性充满了我们整个生活。

我国教育改革的核心内容是素质教育，提高学生的核心素养，而这一点上，语文课程成了主阵营，与其说它是一种教育模式、教育方式，不如说它是一种价值取向。主旨在于为了学生的全面发展，重视学生的品德、情感、态度、生命、尊严、人格、民主和权利意识，科学和创新精神等综合素质的全面提高。

人文性是语文课程的本质属性之一。所谓人文性是指以人性、人道为本位的价值取向。而作为中小学的语文课程，无处不体现人的价值、人的情感和态度。语文课程从来都植根于人文精神的价值、情感和态度之中，处处展示人性，形成人化的情境。语文课程具有思想感情色彩，包含伦理道德内容，内容方面往往比形式方面的作用还大，其和理科的明显分界就在于它的人文性。语文课程的人文性还关系到民族的延续和国家的生存，因此，我们应重视语文课程的人文性。

语文课程的人文性从它的选材中就可以看到，从语文教材中，我们可以继承中国优秀的传统文化，传承红色基因、培养爱国主义情感，了解各地的民俗文化、建筑风貌、山川河流、亭台楼阁背后所蕴含的丰富的人文精神，走进科技世界，探索航天旅程、宇宙的奥妙。中国建筑的特征给人以文化启示，中国的诗词歌赋给人以审美愉悦。

语文教材在选编中涉猎甚广，展现了教材中所要传达给学生的语文基础知识和基础技能以外更多心灵上的启示，精神上的指引。

高考隐性和实质的变化：更加重视考查语文核心素养。这是对学生在语文学习中获得的语言知识与能力，思维方法与品质，情感态度与价值观的综合体现。它包括语言建构与运用、思维发展与提升、审美鉴赏与创造、文化传承与理解四个方面。素养既包括知识，更包括能力，还包括思维。

以往的语言运用题单纯就考点设置题目，试题灵活性与应用性不强，考查的知识性内容过多，对能力考查不够充分。现如今，加强了对语言实际使用能力和语感的考查。对阅读能力的考查，重点是信息的提炼、概括、整合、分析能力和跳读、浏览等能力。作文题对逻辑思维和批判性思维进行考查，能写出有深度的作文必须具备较好的思维品质。在高中语文中，语文的基础知识和语文的能力层级都在不同的题型中得以体现。

加强对中华文化的考查力度。考查内容有课本名篇中的名句、文化常识。重视汉语文化，加强对书面语准确表述、谦辞、敬辞规范用法、文段语体风格一致的考查，要求考生必须具备基本的理解语言文字文化内涵的能力。一份好的语文试卷不但需要对学生语文基础知识能力进行考查，还需要将一些“无形”的人文文化的滋养寓于其中，潜移默化地影响学生。

语文教育，关系到学生当前的实际应用能力，也关系到他们的长远发展。千百篇优秀诗文，虽然不能直接生产出物质产品，但是能产生无形而巨大的精神力量，能启迪人生的智慧，激发人们积极向上的动力和创造潜能，能使人激发起对祖国刻骨铭心的爱，进而形成强大的民族凝聚力，也能鼓舞起对人类进步事业矢志不渝的奉献精神。语文课程所涉及的内容，或者说语文素养所包含的内容，从语文学科来看，有的是专门性的，有的可能是边缘性，和其他学科交叉的。但无论这些内容是专门的还是边缘的，其根本目的是既要关心学生眼前水平的提高，又要着眼于他们的终身发展和整体素质的提高。语文课程的功能是多方面的，应该充分发挥语文课中课功能，关注学生的全面发展。

在语文的教学中，工具性与人文性既是相互对立的又是相互依存的。它们既是一个事物的两个侧面，又有着内在一致性。对于语文教育工作者来说，着重看待和解决的，不是它们之间的区别，而是二者的统一和联系。语言是一种特殊的工具，它是思维的物质外壳。任何语言的形式都是同其思想情感的内容一起存在的，学习语文不能离开它所负载的文化，离开了就会成为空洞无物的东西。语文学科的工具性使它区别于其他学科，语文学科的人文性使它区别于其他工具。若不能正确理解二者的统一，就会出现各种偏差。

教育教学中需要了解的教育理论

一、卡尔·威特——全能教育法

天才与教育并存，天才在教育过程中可以被开发出来，在非教育过程中可能被湮灭。教育的作用不仅在于弥补，更在于开发。

主要理论观点：

1. 天才取决于后天教育。
2. 运用递减法原则。
3. 培养全面发展的人才。
4. 不要使孩子的理性蒙上阴云。
5. 快乐而幸福地玩耍。
6. 孩子需要伙伴。
7. 培养孩子的兴趣和热情。
8. 养成良好的学习与生活习惯。
9. 不要对孩子过多地表扬。
10. 培养孩子的善行。

二、塞德兹——天才教育法

主要理论观点：

1. 音乐造就天才。

2. 有学习兴趣。

3. 玩出天才。

4. 热爱知识。

5. 天才是全面的教育结果。

6. 纪律会扼杀孩子的天性。

7. 培养优良品质。

8. 对自己的行为负责。

9. 解答孩子提出的各种问题。

10. 消除孩子的恐惧。

11. 避免在心理上打击孩子。

12. 摆脱失意的情绪。

三、约翰·洛克——全面教育法

主要理论观点：

1. 孩子的命运在父母的手中，孩子可塑性较强。

2. 健康的身心才有健康的精神。

3. 有效的奖惩方式。

4. 建立平等关系。

5. 让孩子自愿学习。

6. 父母要树立榜样。

7. 父母是孩子最好的榜样。

8. 父母成为孩子的知心朋友。

9. 让孩子懂得自制。

10. 绅士教育过程中的三要素：德育、智育、体育。

四、蒙台梭利——特殊教育法

主要理论观点：

1. 0—3 岁是教育的黄金时期。

2. 孩子喜欢“工作”。

3. 制作适合孩子的教具。

4. 以孩子为中心，导师非常重要。

5. 有准备的环境，适应环境是成长的本能。

6. 感官训练。

7. 读、写、算的训练。

8. 日常生活技能的训练。

9. 帮助孩子独立。

10. 自由需要以纪律为前提。

五、斯宾塞——快乐教育法

理论基础：

提倡科学教育，反对古典主义教育；提倡自由教育，反对灌输式教育；提倡快乐兴趣教育，反对无视身心发展。

主要理论观点：

1. 引导好胜心——注意：好胜对事不对人。

2. 好奇心让孩子自愿学习。

3. 培养孩子的快乐性格。

4. 快乐教育禁区——粗暴尖刻的语言；过分批评孩子；冷漠和麻木；伤害孩子的自尊心；把自己的遗憾留给孩子实现；要求孩子十全十美。

5. 参与孩子的活动；与孩子共同游戏。

6. 倾听孩子的心声。

7. 营造良好的家庭环境——父母相爱；父母共同教育；家长树立榜样；人格独立平等；家庭成员之间相互赏识。

8. 培养积极的心态。

9. 激发孩子的自信心。

10. 多花时间陪孩子。

11. 养成良好的习惯。

六、M·S·斯特娜（语言学家）——自然教育法

主要观点：

1. 母亲主宰孩子的命运，人类的命运。

母亲的工作不能由别人替代，教育孩子的许多工作必须由母亲完成。

2. 从训练五官开始。

训练耳朵的听觉，训练眼睛的注意力，色彩、绘画的观察力。

3. 教孩子说话；多讲故事。

词汇是关键，词汇量要大，语法不重要。

4. 用游戏训练大脑。

5. 学会用趣味数学训练孩子。

6. 学会游戏，认识游戏对身心发展的重要性。

7. 培养社交能力。

8. 培养自尊与自信。

——让孩子自己穿衣

——信任孩子

——不要给孩子讲伤害他们心灵的故事

——不要让孩子怕自己

——不说懦夫

——乐于回答孩子的问题

——绝对不欺骗孩子

9. 大自然是最好的课堂。

七、铃木振一（日本音乐家、教育家）——才能教育法

主要著作：《早期教育与才能培养》

主要观点：

1. 从艺术中认识人生的价值。

2. 灵活教育法——任何孩子都会提问。

3. 生命力是培养原动力。

4. 教育开始越早，效果越好。

5. 反复训练中培养优越能力。

6. 培养孩子的好坏与效果的大小和教育者的能力有关系。

7. 为孩子营造高水平的教育环境。

8. 培养能力，仅有教育是不行的。

9. 创造更加优越的教育条件。

—— 能力并非遗传

—— 我们的孩子能行吗？建立信心

—— 家庭是培养孩子成才的条件

—— 重视生命力

—— 重视环境

—— 环境影响能力

—— 从容易的事情开始

—— 寻找孩子失去兴趣的原因

—— 学会“玩”的学习方式

—— 给予具有希望的表扬

—— 不要指责孩子

—— “要用功学习”造就不用功的孩子

—— 与孩子交心

—— 理解“孩子自己无能”的苦恼

八、多湖辉（日本教育家）——实践教育法

主要观点：

1. 勿用成人标准要求孩子。

2. 把孩子当成独立个体对待。

3. 把学习变成游戏。

4. 引导孩子思考。

5. 学会与孩子交流。

6. 减轻孩子的负担。

7. 消除因成绩造成的压力。

8. 让孩子在日常生活中学会学习。

9. 学会鼓励孩子的学习技巧。

10. 学会批评孩子的技巧。

11. 鼓励孩子敢于表达自己的想法。

12. 偶尔面对小危险有利于孩子成长。

13. 允许孩子失败。

14. 消除孩子反抗情绪。

15. 培养孩子的持久力。

九、井深大（日本教育家、索尼公司创始人）——早期教育

主要观点：

1. 发现幼儿识别能力。

2. 最佳的教育时期 0—3 岁。

3. “一流家庭”造就“一流人物”。

4. 教育与金钱无关。

5. 培养孩子的教养。

6. 与孩子多交流。

7. 为幼儿提供“可以看得见的场所”。

8. 画线练习可以锻炼集中注意力。

9. 将兴趣持续下去。

10. 玩具不宜多。

11. 进行身体锻炼。

12. 关注孩子感兴趣的事。

13. 多带孩子到户外。

14. 让孩子亲身体验各种事物。

15. 了解溺爱的危害。

16. 懂得父亲的重要性。

十、杜威（美国教育家）——实用主义教育

杜威的主要观点是生活即教育，社会即课堂。

第三章 语文教学中的德育

德育是对学生进行思想、政治、道德和心理品质的教育，依靠语文学科的特殊性，教学中融入德育教育，为学生世界观、人生观的形成，道德品质、政治觉悟的提高点亮一盏明灯。

升旗仪式后的一节语文课

内容摘要：语文这个学科有其特殊性，除了培养学生听、说、读、写的语文能力外，还为爱国主义教育搭建了一个平台。教师可以运用语文学科的优势，将爱国主义教育融入教学中。学生进入学校学习科学文化知识的最终目标是为了建设国家，那么爱国主义教育应该贯穿于整个学生的学习过程，这也是素质教育提出的让学生德、智、体、美、劳全面发展，五育并举的内容之一，本文可以说是一个爱国主义教育融入语文教学的案例。

周一早上七点半，广播响起，学生陆陆续续地从教室会聚到了操场上准备参加升旗仪式。

鲜红的国旗在国歌声中缓缓上升，五星黄似金，旗面红如血，我是班主任，站在班级队伍的后面，对国旗行注目礼的同时，余光也瞟见了学生升旗时的情况。我前面的学生由于离我很近，所以规矩地站着盯着国旗；离我较远的学生有的低头看着地面，有的拿出自己的英语单词小本默默地背着，还有的在小声说话，以为不露痕迹，却在整齐的队伍中异常的“扎眼”。国旗是国家的象征，升旗仪式本不该这样，我看在眼里，记于心中。

我想我应该做点什么，我所教授的语文这个学科，有其特殊性，这门学科不仅能让学生掌握最基本的听、说、读、写的语文能力，还能让学生接触到古往今来不同风格、不同流派的名家名作。但我始终没有忘记“育人”的职责，因此我也常常运用所授学科的优势，将育人理念融入我的教学中。让学生德、智、体、美、劳全面发展是每个教育者的责任，而爱国主义教育则是学校德育教育的重要内容，升旗仪式应该是庄重而严肃的，柏杨先生说，一个缺乏国旗意识的国度，是没有向心力与凝聚力的，甚至是不堪一击的。这话绝不是危言耸听，因为对国旗的不尊重是一个国家的耻辱，一个民族的悲哀，鉴于升旗仪式上学生的表现，我想利用一节语文课让其警醒，真正明白升旗仪式的意义。

升旗仪式结束后是我的课，要学习艾青的诗歌《雪落在中国的土地上》，这是一首表达忧国之心、爱国之情的诗歌。作者那沉郁凝重而内含深情的语言和那份对国家灾难痛心疾首的赤子之情深深地打动了我。在上课前，我想了很多，在国旗下成长起来的人对国旗好像没有特殊的感情，在国旗下幸福生活的学生更不会真正地懂得国旗所代表的深刻意义，在和平年代，如何进行爱国主义教育？我在课中作了精心的设计。

“同学们，上课之前我想让大家听歌，大家同意吗？”

“好！”“我要听 Lady Gaga 的。”

“我要听周杰伦的。”

耳朵里充满了很多学生喜欢的歌星的名字。

“大家安静，认真地听听这是一首什么歌。”我在电脑上点击了事先准备好的歌曲。

“我的家，在东北松花江上，那里有我的同胞，还有那衰老的爹娘。‘九·一八，九·一八’，从那个悲惨的时候……”

“哇，好难听。”

“噢，好土哦。”

我甚至还听到了“oh my god”的声音，还没听完一段，我按下了暂停。

“这首不好听，我们听一首流行的，好吧？”

学生高兴了，以为要听到他们喜欢的歌星的歌曲了。我按下了播放键。

“那是从旭日上采下的虹，没有人不爱你的色彩，一张天下最美的脸……”学生一片哗然，仍然不喜欢这首《红旗飘飘》。

“不喜欢，我们就不听了，还是上课吧。”学生没听到自己喜欢的歌曲而觉得很扫兴。

“我在黑板上写下几个数字，看看大家能联想到什么。”于是我在黑板上写下了“1931”“1937”“1945”“1949”四个数字，有的学生明白了这些数字背后的意义，有的还在思考。

“卢沟桥事变”“新中国成立”……有学生大喊着。

“还有呢？我写了四个哦。”

我看着学生又在每一个年代的下面写了“九·一八”“七七

事变”“抗日战争胜利”“新中国成立”这下大部分学生明白了。

“看来大家还是了解这些历史的。”

“今天我们要学习一首诗歌，艾青的《雪落在中国的土地上》，请大家看看写作的时间是1937年，我们没有经历过那个时代，但大家应该看过不少抗日题材的影视剧，可以借助那些画面想想那时候百姓的生活是何等的凄惨。”“成千上万手无寸铁的人们被黑压压的枪口、明晃晃的刺刀对准，就像一头头羊羔，大地被战争的大火无情的炙烤着。黑暗、恐惧、死亡，缓缓地吞噬着那满目疮痍的土地，灰烬中偶尔露出一只只焦黑的手，或者是一个个血肉模糊的头颅。悲剧朝每一个方向肆无忌惮的扩张，活着的人们在大地上哀泣……”学生顿时陷入了对战争场面的想象中，教室里异常的安静。

“请大家默读这首诗歌，从中试着去体会作者的情感，然后请同学来谈一谈自己的感受。”我强调了让大家“试着感受”，因为我预想不到学生到底能不能体会这首诗歌的情感。

读毕，学生畅所欲言，教室里沸腾了。

“好惨啊！”“太可怜了。”“我恨日本。”“打倒日本帝国主义。”甚至有学生说“应该多来几次大地震！”惹得哄堂大笑。

看着大家高涨的情绪，我赶紧控制了一下局面，“看来大家都被诗歌感染了，否则不会说出这些过激的话来，对吧？”

学生几乎是异口同声地给予了一个肯定的答案。

“这首诗歌的基本内涵是苦难的中国人民，有‘苦苦前行的农夫’‘失去保护的少妇’‘流离失所的老母亲’‘向天乞援的土地垦殖者’他们不是一个简单的个体形象，汇总起来看，他们就代表了灾难的中国人民。”带着学生把文章的重难点分析了以后，我问了这样一个问题。

“假如，你们生活在那个年代，你们会怎样？默默地忍受？乞求苟活于世？还是有别的选择？请大家认真的思考。”

学生的回答各式各样，但最多的还是要和侵略者抗争到底，还有引用了鲁迅先生那句话“不在沉默中爆发就在沉默中灭亡”来回答。

我想这首诗歌已经为我接下来要谈的话题做好了铺垫。

“同学们，听到大家的话，我很是欣慰，我想大家在心里都是很爱自己国家，我也相信若身处那个年代，爱国游行的学生队伍中会听见你们的呐喊的声音，硝烟四起的战场上会出现你们的杀敌的身影，因为爱国是一种高尚的情感，是深植于骨髓流淌在血液中的，也正是这样，无数为国牺牲的爱国志士用鲜血换来了新中国的成立，让我们今天能生活在这样一个和平的年代，能自由自在地幸福生活，我们的国旗之所以那样的鲜艳，说是用革命烈士的鲜血染成的并不是没有根据的，他们在牺牲时无所畏惧的态度也正是出于对国家的忠诚与热爱。想想国旗升起时我们的表现，若先烈们泉下有知，该是何等伤心，和平年代的爱国不是空喊的几句口号，也不是要真正的上战场，是从我们身边一点一滴做起，尊重国旗就是这一点一滴中的一部分，如果连这都做不到，何谈爱国？”这时教室里的气氛变得凝重起来，学生都低着头，为自己在升旗仪式上的表现惭愧万分。

“现在，我想把刚刚那两首没有放完的歌选择一首给大家放完，在歌声中让我们结束今天的这节语文课。”

“五星红旗，你是我的骄傲，五星红旗，我为你自豪，为你欢呼，我为你祈祷，你的名字比我生命更重要……”

这一次，学生听得格外认真，完全没有了之前的不满和失望，还有学生跟着歌曲小声地唱着。

是啊，学生进入学校学习科学文化知识的最终目标是为了建设国家，那么爱国主义教育应该贯穿于整个学生的学习过程，这也是素质教育提出的让学生德、智、体、美、劳全面发展的内容之一，而作为老师，也应该在教授知识的同时不忘育人，我想我会一直这样坚持下去的。

尊师重道，吾爱吾师

谭嗣同说“为学莫过于尊师”，康有为说“师道既尊，学风自善”，鲁迅说“天才可贵，培养天才的泥土更可贵”，陶行知说“教育工作中的百分之一的废品，就会使国家遭受严重的损失”。从这些句话中，可以看到一个国家的兴衰成败和教育密不可分，而教育的施行自然和教师的素质有关联，教师应该是怎样的模样？整个社会对待教师的态度如何？教师在教育中如何去承担好相应的角色，这一系列的问题都值得深思。

当下看到过许多伤害师者的新闻，让人痛心不已，学生对待教师的态度，社会中有部分人对待教师的态度已经从原先的尊师态度转变为认为教师的教学工作是学生交学费到学校购买服务，一旦教师在教育过程中出现任何不被理解的行为，就会成为社会的焦点，被口诛笔伐。

作为语文教育工作者，有义务让学生端正尊师的态度，尽可能地扭转一些不良的社会风气。

尊师是重教的体现，是尊重劳动、尊重知识、尊重人才、尊重创造的具体体现。尊师直接关乎社会文明的进步状态，直接关乎家庭和谐社会和谐的程度，直接关乎国家和民族的兴旺发达！

高中语文教材中有一篇韩愈的《师说》，开篇就指出：师者，所以传道受业解惑也。教师的职责，是为学生传播知识、文化，解答疑惑。国家的强盛是科技的推动力，社会的发展是由人力促成，这一切都需要接受一切可塑造教育的人才，老师是重要的，尊师是必要的。

用什么来构建学生发自内心对老师的尊敬与热爱？

我们老师在教学过程中应始终融入尊师教育。高中语文教材中实际有许多篇目体现了这个内容。可以充分地运用这些教材对学生进行尊师教育。

例如高中语文教材必修一第三单元的第9课，梁实秋先生的《记梁任公先生的一次演讲》，在梁实秋的笔下，介绍文中的主人公梁启超时就介绍了他的经历，曾倡导文体改良的“诗界革命”和“小说界革命”。他曾满怀豪情与希望地说出了“美哉，我少年中国，与天不老！壮哉，我中国少年，与国无疆！”的壮语，他穷尽一生积极投身于爱国救国行动，虽屡次失败，甚至不被理解，但始终抱着热心肠，执着于自己的理想。作者对梁任公先生含蓄的敬仰之情溢于言表。通过本文，学生理解了先生忧国忧民、关心大事的精神品质和独特的人格魅力。如果不是被这些让人敬仰的人格魅力吸引，学生怎会记下这一次演讲，文中字里行间洋溢着对老师满满的尊敬与热爱之情。又怎么会在先生讲演后二十余年时，还能在茅津渡候船渡河时，顿时忆起先生讲的那首古诗《箜篌引》，不禁哀从中来？正因为作者的感情是真挚的，才会把人物刻画得那样栩栩如生活灵活现！在讲授这一课时我曾给学生提到，越是发自内心的热爱越能在作品中倾注自己的情感，越是有着浓烈的情感才会在作品中流露至深。爱自己的老师，尊重自己的老师，自己也会深受影响，梁实秋先生深受梁启超的影响，最终走向了文学创作的道路，并一生以梁启超为榜样。

“学高为师，身正为范”是教师需要用一生去践行的，也许会影响一代人，更或是说影响一代人的思想。

高中语文教材中的《子路、曾皙、冉有、公西华侍坐》选自《论语·先进》篇。《论语》是一部语录体的散文集，记载了孔子及其门人的言行，全面反映了孔子的哲学、政治、文化和教育思想，包含了孔子渊博的学识和丰富的生活经验，是关于儒家思想的重要著作。这篇文章主要是讲述孔子通过问“志”来体现儒家的治国思想。最后一个出场的是曾皙，作者对前三位学生，都仅记其言，并未做其他方面的描写。而对曾皙的动作、神态却进行了传神的描写：他铿锵一声鼓瑟，待瑟声渐渐停息后，“舍瑟而坐”。就这个“坐”字在此译为直起身子地回答老师问题，这就如今天在课堂，老师在问到学生时，学生起立回答，这是尊师的表现。在学生回答说自己的志向与别人不一样时，孔子循循善诱地引导学生说出来自己的志向。“吾与点也”这是孔子的评价。“为国以礼”，曾点的志向正和孔子一生竭力追求的教化百姓理想是一致的，故孔子叹曰。

千年经典《论语》就是很好的教材。孔子学徒三千，每一个都对老师倍加尊敬，为了感恩，他们四处奔波，传播孔子的仁政。《论语》中，有则写的是叔孙武叔毁仲尼。子贡曰："无以为也！仲尼不可毁也。他人之贤者，丘陵也，犹可逾也；仲尼，日也无得而逾焉。人虽欲自绝，其何伤于明乎？我见其不知量也。从子贡的言行中，我们不仅可以看到孔子就是学生心目中最好的老师，也是世间最伟大的老师，是别人无法逾越的，不仅可以看到学生是如何从骨子里发自内心地尊重老师，而且可以看到学生是如何从行动上阻止一切不利于尊师的言行的。这就启示我们：尊重老师，应该多看老师的优点，应该处处维护自己老师的形象，这才是真正地尊师。

在弟子眼中，孔子就是这样一个人。孔子只是一介布衣，他所以让弟子如此尊重，完全是靠自己的德行、智慧和才学。可是孔子本人却非常谦虚。他说，自己配不上"圣"和"仁"这两个字眼，自己可以称道的只是追求"圣"和"仁"的境界从不满足，教诲别人从来不觉得疲倦，如此而已。孔子非常尊重弟子的人格。他告诫弟子说，遇到行仁的事情的时候，对老师也不要谦让。选文第 8 则："子见南子，子路不说。"南子是卫灵公宠幸的妃子，因为淫乱放荡，为人们所不齿。孔子在卫国的时候，她把持着卫国的政权。孔子最后不得不去拜见了她。《史记·孔子世家》记载：南子坐在葛布做的帷帐中等待孔子。孔子进门后，面朝北叩头行礼。南子在帷帐中拜了两拜，她披戴的环佩玉器互相碰撞，发出叮叮当当的响声。子路是孔子最耿直忠厚的学生。老师去见了南子，子路满肚子不高兴。这说明弟子们没有受到来自老师的压力。且看孔子怎么对待子路的不悦："夫子矢之曰：予所否者，天厌之！天厌之！"

师者自身的形象是受到学生关注的，师者的一言一行和思想品质都会深深地影响学生。老师是教育的主体，老师自己也应该是尊师的模范榜样。老师应将尊师教育融入点点滴滴中，尤其是作为一名语文老师，更肩负着加强尊师教育、情感教育的重要责任。因为在语文教学中融入尊师教育具有得天独厚的条件，一个字，一句话，一篇美文，一部经典，都是情感教育、尊师教育的生动教材。

我每接一个新高一的班级，开学第一课就是感情交流课。标题为"乐莫乐兮新相知"，人生最大的快乐莫过于结识新朋友。而在一个新学校新班级，学生最大的快乐也莫过于结识新同学新老师，老师最大的快乐也莫过于结识新学生。这一节课我一般只引导学生读懂一个字，即"人"字，引导学生从"人"的构造和"人"的象形等多方面去领悟如何做一个大写的人。"人"字的构造由一撇一捺组成，这就意味着人与人之间要学会互相支持，同学之间需要互相支持，家庭成员之间需要互相支持，而师生之间更需要互相支持。我会把交流的重点放在"师生之间为什么需要互相支持"这个话题上，通过交流使学生明白：只有亲近自己的老师，才能学好所有的功课。亲近老师，就是亲近知识。你喜欢那个老师就自然会喜欢那门功课。师生之间互相支撑，一个好老师，可以培养一班好学生；一班好学生，也可以造就一个好老师。喊响“亲其师，信其道”，可以为日后三年的教学营造一个温馨快乐的教学环境。

苏霍姆林斯基也说过：“儿童的心灵是敏感的，它是为着接受一切好的东西而敞开的。如果教师引导得法，鼓励学生仿效一切好的行为，那么，学生身上的所有缺点就会没有痛苦和创伤地、不觉得难受地逐渐消失。”比如从小学到高中，教材里有多少写老师的优秀文章？鲁迅、贾平凹、都德都是理解老师尊重老师的好榜样。他们以自己的言行启迪人们：要有所作为必须学会尊重老师。谭嗣同曾说：“为学莫重于尊师。”康有为也曾说：“师道既尊，学风自善。”可见，尊师是一个人走上成功成才之路的必修课程，也是一个社会走向和谐文明的必要条件。

在现代生活中，很多人不知怎样去尊敬老师，以为老师上课只是为了那一点点工资，以为老师关心学生，只是为了那一点点奖金，以为老师每天只上几节课，轻松得不得了，看不到老师为了上好课而钻研教材精心备课，不知付出了多少劳动！以为老师每年有个寒暑假就舒服得不得了，看不到老师为了追求完美，自学、进修、考试所付出的不为人知的隐形劳动！尊重老师就要尊重老师的劳动，理解老师的不容易，更要学会维护老师的形象。煌煌史书，有许多关于尊师的记载，列列青卷，亦有数不清的尊师的传说。敬教劝学，建国之大本；兴贤尊师，为政之先务。当然，尊师之风，非一人之力所为！尊师的道路，任重而道远。除了老师自身的人格魅力，自身的启迪教育外，更需要学校、家长、社会形成一股合力，尊重老师，尊重知识，方可营造一个尊师重教的良好氛围。

在地坛感受生命的坚强

作为语文教师，我常常将育人理念融入我的教学中。特别是在学习众多名人名篇后给学生灌输一种积极进取、永不言弃的精神，为学生营造良好的学习氛围。

高一上学期的语文课本中有一篇史铁生的《我与地坛》，这是一篇讲述残疾人同命运抗争的文章，同时也蕴含了浓浓的亲情。作者对生死的一番感悟，让生命重拾信心，令人敬佩。生命的话题是文中提得最多的，为何而生，怎样活下去，成了文章的重点、难点。我一直思索着怎样才能把这堂课讲好，让学生也能感悟文中生命的真谛。

在备课时，我想了很多，现在的“90后”经常被说成是“垮掉的一代”。媒体上常常会听到一些关于少年的负面新闻，用这篇《我与地坛》中史铁生对生命的诠释给学生来一次心灵上的洗礼，珍惜生命，活出精彩的人生，谱写辉煌的生命诗篇。

“同学们，上课之前我想给大家讲一些真实的事件。2008年10月25日，北京一名14岁女孩芳芳（化名）与父母吵架后用围巾在屋内上吊自杀身亡；湖北州城一个13岁男孩从湖北民院附属医院新住院大楼19楼跳下自杀……还有很多类似的事件我想大家应该都听过，你们怎样看待这种行为呢？”

“遇到挫折不够坚强。”“我认为这很有个性。”“缺少理智。”“胆子大。”……学生都纷纷说着自己心里的看法。

“大家想想，他们一个个都是正值人生花季的孩子，却失去了对美好生活的憧憬和企盼，失去了对生命的渴望与留恋。我们为他们惋惜的同时，应当思考：他们是怎样看待生命的？我们同学又是怎样看待生命的呢？我想大家应该好好地学习史铁生的《我与地坛》，看看他是怎样对待生命的，真的希望这篇文章能让大家有所领悟。”

“一个人最青春年少、年富力强的时候，残废了双腿会是什么样的景象，如果是你们遇到这样的事，你们会怎么样？”

“去死。”“自杀。”“反正不想活了，都成废人了。”……班上的同学第一次反应那么大。

“《我与地坛》的作者史铁生在最狂妄的年龄忽然残废了双腿，最初他和大家想的一样，不想再活下去，他整整用了五年的时间去思索关于生命的问题，最终走出了困境，走出了阴霾，重获新生。大家快速地阅读文章，走进史铁生的世界，去体会他的心境，解读他的生命吧。”

学生默默地读着。

在讲解完课文有关的重点难点字词之后，我针对文章提出了以下几个问题。

第一个，我的身体是残疾了，我的生命是不是就此结束了，是不是就一死了之？也就是说，该不该结束生命？

第二个，我为什么要出生？

第三个，我应该怎样活？这是作者追的“心魂”。

关于第三个问题，当作者对前两个问题“想了好几年”后终于想明白了，感悟到“死是一件不必急于求成的事”，死是一个必然会降临的“节日”，感悟到“一个人，出生了，这就不再是一个可以辩论的问题，而只是上帝交给他的一个事实”的时候，实际已经找到答案了。最关键的问题是怎样活下去？为了什么活下去？以什么样的精神状态活下去？怎样面对这不公平的命运。

这个问题是贯穿全文的核心问题。如果师生找准了这个关键的核心问题，那么，就等于找到了一把解读这篇佳作的钥匙。可以说，如何面对命运是本篇追思的核心。

作者讲述在残疾之初，悲痛欲绝的心情，感到渺茫暗淡的前途，以至于一次又一次在死亡边缘徘徊，然后偶然走进了那个与自己同样荒芜的园子。这座古园映照了作者内心的苦痛，也使作者从中受到生命的启示。石门中的落日，寂静却安详；高歌的雨燕，苍凉却又张扬着生命的多姿多彩；雪地上孩子的脚印，似乎讲述着青春的童话。还有那些小昆虫，那满园子的草木，虽然生长在这落寞的元子里，却有着顽强的生命力，所以作者说：“园子荒芜但并不衰败”，正是这不衰败的因子，成了作者生命的一部分，引发他对生命的思考。他从中感悟到生命的真谛，以积极进取的人生观战胜颓废的思想，促使他走上了文学的道路，坚定地迈上了新生的道路。

这部分描写细致，感受深刻，引发大家对生命的尊重与热爱。

这时教室里的气氛变得凝重起来，学生们仿佛变成了一个个的“史铁生”，正感受生命的真谛，领悟人生的意义。我觉得教育的时机来了，因为《我与地坛》已经做好了铺垫。

“同学们，我们一定要珍惜自己的生命，活出自己最精彩的人生，要懂得珍惜现在，珍惜拥有的一切。”

后来的周记本上，班上三分之二的学生不约而同地写了这节课的感想，都是关于生命的话题……

生命最后的凝望

摘要：学生进入学校不仅仅只是为了学习知识，还要学会怎样去做人，这也是素质教育提出的让学生德、智、体、美、劳全面发展的内容，而作为教书育人的老师，也应该在授课的同时不忘记育人。

关键词：老师；学生；育人

“师者，所以传道受业解惑也。”我所教授的语文这个学科，不仅可以让学生接触到不同风格、不同流派的名家名作，沉浸在诗歌的海洋，驰骋在美文的疆场，或喜，或悲，或领悟生命的真谛，或感知世事的无常。我始终也没忘记教书育人的职责，因此，我常常运用所教科目的优势，将育人理念融入我的教学中。有时，我是针对学生的惰性思想；有时，是为了缓解学生的学习压力；有时，是为了排解学生内心的矛盾心理。但更多的是在学习众多名人名篇后给学生灌输一种积极进取，永不言弃的精神，为学生营造良好的学习氛围。

高一上学期的语文课本中，有一篇史铁生的《我与地坛》，这是一篇讲述残疾人同命运抗争的文章，同时也蕴含了浓浓的亲情。这篇文章打动了无数人，作者对生死的一番感悟，对生命重拾的信心，让人为之敬佩。但最感人之处无疑是文中饱含的伟大母爱，令人心痛，惹人落泪。

在备课时，我想了很多，现在的“00后”被说成是“智商高，情商低”，也许是吧。很多学生往往忽略了亲情的存在，父母对自己的照顾和呵护对他们而言成了理所当然，父母对他们的关心和爱护他们也不以为意。班上有很多学生不知道自己父母生日，当我问他们有没有对父母说过“我爱你”这类的话时，部分学生认为难以启齿，部分则认为没有必要，那些电视上媒体上提到的什么给父母洗脚之类的事情更像是天方夜谭，在我班学生眼里好像是件不可能的事情。我就想，怎样才能充分运用这篇《我与地坛》给学生来一次心灵上的洗礼呢。

在讲完《我与地坛》的第一部分关于生命的感悟之后，我并没有直接进入第二部分，也就是“母亲”这个部分。

“同学们，上课之前我想给大家播放一个抖音短视频。”

大家一听是抖音短视频，立马兴奋了起来，脸像一朵花。

“大家看看，画面上出现了一只小鹿准备跨过一条河，不远处一条鳄鱼虎视眈眈地朝小鹿缓缓逼近，忽然间，小鹿的母亲从远处冲了过来，直接拦住鳄鱼，这是用生命在保护自己的孩子，小鹿始终朝前跑，丝毫没有察觉到这惊险的一幕。小鹿的母亲在鳄鱼的嘴下看着小鹿欢快地跳跃着向前奔去。视频的名字叫作《生命最后的凝望》。”

我始终注视着学生的反应，他们认真地看着视频，不时地发出惊叫声，有同学看到鳄鱼冲过来紧张地喊着“快跑，快跑”，当转危为安后，同学们松了一口气。似乎没明白《生命最后的凝望》的真正含义是什么。但是，我不动声色，继续上课。

“接着，我们学习文章的第二部分，这个部分主要讲史铁生的母亲，请大家默读这个部分，迅速归纳出史铁生母亲形象特点，一会儿提问。”

“善解人意、疼爱、理解、体谅、宽容、痛苦、担忧、惊恐、默默承受”，这些是学生归纳的，我全板书到黑板上，而且写得很大很用力。

“大家好好看看，这些特点只有史铁生的母亲才有吗？好好看看，认真地看。”我不断地强调着，只见学生认真地看着黑板上的这些词语仿佛若有所思，又好像在心里比对着什么，我又重复地问了一遍问题，这时有个胆子大点的学生大声地说了一句“不是，天下的母亲都有这些特点。”我赶紧追问“你们的母亲有这些特点吗？”学生几乎是异口同声地回答了一个肯定的答案。

带着学生把文章的重难点分析理解之后，我问了这样一个问题：“假如，你们和史铁生一样，你们的母亲也会像他的母亲一样吗？”

“会，肯定会。”学生又再一次给了我肯定的答案，变得格外认真起来。

“好，那我们就把史铁生的母亲当成是自己的母亲，来感受一下这份浓浓的母爱，大家来找一下，文中哪些句子深深地打动了你。”

“她不是那种光会疼爱儿子而不懂得理解儿子的母亲，她知道我心里的苦闷，知道不该阻止我出去走走……”

“儿子的不幸在母亲那儿总是要加倍的……”

“我真想告诫所有长大了的男孩子，千万不要跟母亲来这套，倔强，羞涩就更不必，我已经懂了，可我已经来不及了。”

这时，教室里的气氛变得凝重起来，学生们仿佛变成了一个个的史铁生，在那里遗憾，追悔。

我觉得教育的时机来了，因为《我与地坛》已经做了很好的铺垫。

“同学们，这段时间以来，我接到了很多家长的电话，也有家长直接就到办公室来找我的，他们都是想要了解你们的学习情况，在学校的表现以及你们的思想动向，我就纳闷了，你们在家都不和自己的父母交流吗？难道真的是回家就进自己的房间？今天，我们学习了史铁生的《我与地坛》难道没有任何感触？难道刚刚你们自己在文中找的那些所谓打动人的句子只是当成一个任务向我交差？你们是铁石心肠？”

“不是，不是。”“文章确实很感人！”“我都想掉眼泪了。”……学生们争着给我解释。

“如果正如你们说的这样，你们能体会史铁生母亲的那份苦心，能感受到史铁生心中的遗憾与内疚，怎么就不能体会自己父母的苦心呢，你们知道吗，你们的父母是多想走近你们的内心，多想和你们聊聊天，多想从你们的口中知道你们的各方面的情况，而你们却是那样冷冷的，甚至有的同学嫌父母啰唆，朝父母大吼大叫，你们知道父母心里有多难受，多无奈吗？大家好好地想想，如果有一天所有的人都离开你，只能留下一个人在你身边，那会是谁？我想答案你们都清楚，是自己的母亲。记得我小时候生过一场重病，还有传染性，医生让家人尽量减少和我的接触，可我的妈妈却日夜守在我的病床前，把饭、中药一口一口地吹凉了喂我，精心地照顾我，一点都没有想过自己是不是会被传染。在座的各位同学肯定也会有类似的经历，我们就理所当然地接受来自父母这种无言的爱？史铁生懂了，而母亲却不在了。现在，你们能理解‘子欲养而亲不待’这句话吗？我们很幸福，父母都一直在我们身边，回家的时候，给他们说一声‘我回来了’，也主动地给他们讲讲学校里发生的故事；天凉的时候，主动地给父母说一声‘多穿点，外面冷’，让父母也感受一番来自我们的关心吧。千万别到最后像史铁生一样空留遗憾。”

此时，我播放了一首歌，并提醒大家看看歌词，当我把《懂你》给大家放完，在歌声中让大家一起再一次地默读课文的第二部分关于母亲的那段文字，同时也让大家想想自己的父母，想想他们的爱与关怀。

“把爱全给了我，把世界给了我，从此不知你心中苦与乐，多想靠近你，告诉你我其实一直都懂你……”

歌声响起，伴着些抽泣声……

后来的周记本上，班上三分之二的学生不约而同地写了这节课的感想……

是啊，学生进入学校不仅仅只是为了学习知识，还要学会怎样去做人，而作为教书育人的老师，在课堂上，利用手中的教材，去教会学生懂得感恩，做一个有心有爱，有情的人。

浅谈语文教学中如何融入爱国主义教育

摘要： 爱国主义教育是指树立热爱祖国并为之献身的思想教育，也是践行社会主义核心价值观的重要组成部分，学生在学校学习的不只是科学文化知识，更需要在学校树立正确的价值观，语文学科是最能体现核心价值观教育的重要学科之一，如何利用学科优势将爱国主义教育融入其中是每一位语文教师所需要关注和重视的，利用学科优势弘扬中华民族的优良传统，培养学生艰苦奋斗、团结奋进、热爱祖国是语文教师义不容辞的责任。

关键词： 语文学科；爱国主义；价值观

语文课程标准中明确指出：“在语文学习过程中，培养爱国主义情感、社会主义道德品质，逐步形成积极的人生态度和正确的价值观，提高文化品位和审美情趣。”爱国主义是学生思想健康发展的重要环节，是德育的首要任务。那么，语文课堂教学中如何结合教材，对学生进行爱国主义教育，落实“育人”重任呢？

一、挖掘教材——爱国主义教育的凭借

课改形势下的新教材积聚了一篇篇文质兼美的文章，这些文章有很大的一部分选用了爱国主义题材。而文章运用语言文字“显之以像、动之以情”，使人在“像”中见“意”。在“文”中悟“道”。如果我们善于探寻教材的内涵，挖掘把握教材中爱国主义教育的环节，就能以教材为凭借，有机地渗透爱国主义教育。

例如，小学语文教材中的课文《狼牙山五壮士》《小英雄雨来》《长征》等这类文章赞扬了革命先烈为保护祖国而体现出的机智、勇敢、舍生取义的英雄气概，如果我们在教学中充分挖掘教材，把握好时机，巧妙地渗透，让学生潜移默化地去领悟、体现，文章中这些英雄的高大形象会震撼他们的心灵，在他们幼小的心灵中产生积极的情感效应。另外，像《美丽的小兴安岭》《五彩池》等一系列文章则描绘了祖国河山的雄伟壮丽，蕴含着对祖国大好河山的赞美的感情，如果我们善于将这些强烈的感情演绎出来，让学生在阅读教学中得到深切的体验，相信他们也向往这些美好的景色，自然而然地激发他们热爱祖国河山的思想感情。

在初中的教材中，《曹刿论战》以简洁的文字揭示了曹刿的远见卓识和稳重果断的指挥才能，刻画了一个关心国事、深谋远虑的军事家的形象；《出师表》的作者诸葛亮，他未出茅庐而知三分天下，在政治上，他严明法度，开拓边疆，

注重农业，尤其擅长外交；在军事上，他出奇制胜，运筹帷幄而决胜于千里之外。他的才干和智慧，是中国人民的骄傲。以“表”的形式向刘禅提出的开张圣听、严明法度、亲贤远佞的建议，都是治国安邦之本，直到今天仍然有着重要的借鉴意义；《岳阳楼记》以作“记”为名，借题发挥，表达了作者“不以物喜，不以己悲”的旷达胸襟和“先天下之忧而忧，后天下之乐而乐”的政治抱负，体现了作者忧国忧民的思想感情；《观沧海》寓情于景，气势磅礴，表现了诗人宽广的胸怀和远大的政治抱负；《出塞》《十一月四日风雨大作》等诗篇意境开阔，气势恢宏，奔放豪迈而又痛切，反映了诗人忧国忧民的拳拳之心和以身报国的雄心壮志，充满了积极进取的精神。在教授这类古诗文时，要引导学生去体会和领略那种惊天地泣鬼神的英雄气魄，在崇敬与感慨的同时陶冶自己的情操，培养崇高的思想品德和爱国主义情感。

在高中的教材《苏武传》中，苏武以顽强的毅力生存了下来，以一身浩然正气以及视死如归的民族气节，捍卫了伟大民族的尊严。可以说苏武是一个维护民族尊严的民族志士；《诗经》中的名篇《采薇》，讲述了戍边战士守卫国家，军旅严肃威武，生活紧张艰辛，作者的爱国情怀是通过对敌人猃狁的仇恨中来表现的，更是在他们忠于职守和极度思乡的情感对比中表现出来的；在《记念刘和珍君》这篇课文中，鲁迅对刘和珍等遇害青年给予了高度赞扬，他们的爱国不分性别、民族，大义高于一切，然而在中国的漫漫历史长河中，还有无数像屈原、苏武、刘和珍这样的仁人志士，在国家利益和民族大义之前愿意牺牲小我，维护祖国的荣誉和尊严。而《拿来主义》这篇课文就有涉及我国的外交政策和对一些中国优秀文化遗产的态度问题，从反面说明了我们在面对外来文化时，应保持清醒的头脑，发扬自强不息的民族精神；《雪落在中国的土地上》从土地和人民的苦难岁月写起，作者倾诉了自己的人生遭遇，接着描写了大雪纷飞的中国土地上人民的形象，看到了在战争中遭受蹂躏的中国妇女，表达了对祖国、对人民深切的关怀和心痛。

高中教材中的爱国主义篇章还有许多，辛弃疾的《京口北固亭怀古》，陆游的《书愤》，杜甫、艾青和毛泽东的诗歌……语文教材中不乏优秀的爱国主义篇章，如何利用其对学生进行教育，在教授语文知识、赏析诗歌的方法后，如何培养学生树立正确的价值观、人生观显得尤为重要，俗话说“巧妇难为无米之炊”，如今“米”有了，那么就是作为教师的“妇”如何“巧”了。

二、理解学生——爱国主义教育的切入

在语文课堂教学中，教师应摸清学生对教材思想内容的认识，可让学生初读课文，初步理解课文内容，让学生谈谈对课文的认识，从学生的初步认识入手，往往能找到爱国主义教育的突破口，因为学生层次不同，理解能力各异，不同的学生对课文的初步理解会有差异，甚至对课文的思想内容

理解出现偏差。如果教师在理解学生的基础上，善于点拨引导，会更易于进行爱国主义教育。如学生初读课文《记念刘和珍君》，可能会有人认为这些学生很傻，手无寸铁却要用生命去为国请愿，这等于白白牺牲。对于这种认识，教师不必回避，应就此入手，引导学生深入理解通过文中关于残杀学生那段描写，段祺瑞政府的残暴，无良文人的污蔑，学生视死如归用生命去换取人们警醒的精神，为了大局而牺牲自己的精神，要让学生充分体会。

在教学中，还可以适当地给学生质疑的机会，使爱国主义教育切入点更趋于实际。如在讲授辛弃疾的《京口北固亭怀古》时，在给学生质疑问难时，有学生提出“既然被罢官何不学陶渊明游历山水过悠闲自得的生活呢”这类问题，表露了学生对诗人爱国情怀的不了解，又反映了他们对辛弃疾的同情与热爱，希望他能过得自在些，看淡一切，不必承受那“把吴钩看了，栏杆拍遍，无人会登临意”的心酸与痛苦。这为思想教育提供了可能，从学生这个认识入手，引导学生深入理解辛弃疾最后一刻也不忘国家，一身的悲痛也源于爱国情怀的英雄气概。

三、情感效应——爱国主义教育的催化

情感是思想品德内在的催化剂，丰富的情感会对思想产生震撼。语文教师应充分挖掘教材中的情感教育，如在教授杜甫的《登高》时，教师可采用配合激扬旋律进行声情并茂

的范读，激发学生的情感后，师生进行品词品句，充分挖掘作者在语言文字中所表达的感情，随后让学生在理解的基础上进行有感情的朗读，读出内心对诗人想要报国却无路可循，想要济世却英雄无路的悲切之情。这样会在教师情、作者情两情并融之中产生共鸣，爱国主义诗人杜甫不畏身体的病痛却依然心怀天下、心系苍生的精神就会深入他们内心，化成他们的信念。

另外，观看爱国电影，如《战狼》系列，我记得电影中，没有一处不在显示中国的强大，没有一处不让中国人骄傲自豪，时刻记得自己是“中国国民”而不是“难民”！也不会忘记，不论在哪个国家遇到危险，背后都有一个强大的祖国！

学生的爱国情结需要一步一步地“燃”起来，教材中的爱国篇章不能只是作为语文知识的传播载体，更是一种精神，一种正确思想导向的纽带，连接着学生的精神。

此外，也可进行即兴表演，如《烛之武退秦师》的教学；或进行分角色朗读、朗诵比赛等，都可以在语文课堂教学中催化情感，让学生既得到美的享受，又达到爱国主义教育的目的。

四、寓教于练——爱国主义教育的融合

听说读写训练是语文课堂教学的重点，将爱国主义教育寓于听说读写的训练中，两者相互融合，互相渗透，会收到不错的效果。如教学《荆轲刺秦王》一文时教师可通过读、

思、议等训练，让学生入情入境，从文中的心理描写领悟到“宁死不屈、不怕牺牲”的英雄气概，领悟到“人为了顾全大局可以不顾生命”的精神。而后结合课文的阅读，指导学生进行即兴演说，“表达你对荆轲的赞扬”。学生在课文思想的感染下，胸中的感情积蓄一触即发，产生强烈的表达欲，会在演说中声情并茂、感情强烈，既达到说话训练的目的，又收到了思想教育的效果。另外，在教学这类文章后可适时、有目的地指导学生进行即时习作训练，如在教学《故都的秋》时，结合课文思考练习，教师在营造赞美祖国大好河山的氛围中指导学生进行描写一处景观的习作训练，学生在范文的启示下，写出来就得心应手，虽不一定人人都会写出优美的短文，但却表达了他们内心的思想感情，爱国主义教育就渗透得好。

语文教学承担着育人的重任，而爱国主义教育是育人中的重要一环，要落实这个任务，就得多渠道、多途径地在课堂教学中渗透爱国主义教育，找准有利于教育的点，使爱国主义教育完全贯穿于语文教学中，达到教学与育人相辅相成、相互融合的目的。

在高中语文教材中蕴含着丰富的爱国主义教育资源，因此合理安排运用和挖掘教材中的爱国主义教育因素，对于激发学生的爱国情感、培养学生的爱国行为具有十分重要的意义。语文教师在对人教版高中语文必修教材进行分析后，从传统文化、大好河山、社会制度、民族精神等方面挖掘其中的爱国主义教育因素，并对开展爱国主义教育的策略提出建议。爱国主义是中华民族的精神支柱之一，是传统文化的核心，是推动社会前进的巨大动力。而爱国主义教育更是提高全民族整体素质的基础性工程，对人们，特别是广大青少年树立正确的理想、信念、人生观、价值观有很大作用。

爱国主义体现了人民群众对自己祖国的深厚感情，反映了个人对祖国的依存关系是人们对自己故土家园、种族和文化的归属感、认同感、尊严感与荣誉感的统一。它是调节个人与祖国之间关系的道德要求、政治原则和法律规范，也是民族精神的核心。而在《中华民族爱国主义史论》一书中，将爱国主义定义为：千百年来人们把个人同祖国的生存利益一体化而历史地积淀而成的热爱、忠诚、保卫、建设祖国的生命情结，是一个民族的整体生存意识，这种生命情结和生存意识是一种定向性的、定型化的社会意识。从这两个异曲同工的定义中，我们不难看出，爱国主义其实是个人对于国家所持有的一种情感态度价值观，这种价值观在有形和无形中指导着人们的日常生活和行为，最终上升为一种道德规范，成为推动中华民族历史前进的精神支柱和不竭动力。

从总体上来说，语文的教材中从小学开始直至高中，爱国主义题材的文章应该说数量不少，质量很高，起到了很好的宣教作用，收到了很好的效果。

参考文献

[1]《中华民族爱国主义史论》

[2]《课程改革的视野中语文教材的发展》

[3]《中华爱国文学史》

把法制教育融入语文教学

如何把今天的未成年学生培养成社会主义事业的建设者和接班人，学校是实施这一课题的主要阵地，教师承担着“教书和育人”的双重使命。育人为本，德育为先，“五育”并举是社会对学校教育的要求。如何让学生养成良好的行为习惯，树立崇高的社会理想和人生价值观？光靠在思想品德课和其他专题场合穿插相关法律法规是不够的，学生由于法律知识的缺乏，无意识的违法犯罪时有发生并且呈上升趋势，大量未成年人犯罪的例子向教育敲响了法制教育的警钟，课堂是实施法制教育的首选。我在语文教学中，根据教材内容，向学生传授有关的法律知识，对加强他们的法制观念起到积极作用。

教育是一个系统工程，要不断提高教育质量和教育水平，不仅要加强对学生的文化知识教育，而且要切实加强对学生的思想政治教育、品德教育、纪律教育、法制教育。法制教育是学校德育工作的重要内容之一，工具性和人文性的统一，是语文课程的基本特点，在语言教学中凭借学科特点，通过多种途径渗透法制教育，有得天独厚优势。

学校是教书育人的圣地，开展法制渗透教育就是要在教书的同时达到育人的目的。因此，教研组、教师在备课时要结合教材内容，有针对性地查找可以渗透的法律法规，主动渗透到教学中去。在课堂教学活动中，语文教师必会使用到不计其数的成语、俗语、歇后语等，教师在给学生讲解某一个词语意思的同时，不妨尝试一下用法制视角来解释分析这些词语。如“拾金不昧”一词在字典中的意思是“拾到钱财不藏起来据为己有”。除此之外，教师还应该进一步从法制视角去讲解，如果我们捡到别人遗失的贵重物品若不想返还而占为己有，按照现行的法律规定，这种行为就属于盗窃。为此，不论从哪个层面上来讲，我们都需要对生活中的词语进行最详尽、最全面的了解。

课文教材相当一部分篇目都涉及一些法制常识，这就要求我们教师不应该消极回避这些知识，而应该积极主动地承担起讲述课文相关法制知识的重大责任。

在高二的选修课本《中国小说欣赏》中，学生学习的都是古代的一些知名的小说，其中选入了中国的四大名著中的三部——《三国演义》《水浒传》《红楼梦》，对于这样经典的作品，教师带着学生学习的时候不但要学习其名著的精髓，文化的内涵，还应该通过名著，与时俱进地融入现今的法律知识。

例如《水浒传》是我国四大名著之一，小说情节曲折、人物形象鲜明生动，尤其是《鲁提辖拳打镇关西》一文，人物形象鲜明，描写手法精妙，教师在引导学生阅读、交流评价时，都着重讲解了鲁提辖值得歌颂，因为他疾恶如仇，仗义相助，而郑屠仗势欺人，自私可恶，应该被打死。作为教师，是否可以考虑周全，让学生讨论郑屠是否该死？即使该死，是否该任由个人快意恩仇？要让学生明白，这种行为在宋朝，在今天乃至将来都是一种犯罪。要知道，文学作品潜移默化的影响力，要远大于法律读本的直接说教。试想，如果让学生都认同鲁智深、宋江等的激情犯罪，在遇到类似情况时，都仿而效之，那么对创建和谐的法制社会是会起到适得其反的作用。所以，我们在情感认同的基础上，对处理问题的方式应存疑、存异。要让学生明白，他们是特定历史条件下的“英雄”，是历史的产物，一个人的生命是宝贵的，剥夺一个人的生命，必须由公安机关依靠严格的程序，用铁的证据来裁定。所以说，在语文课堂教学中进行法制意识的培养是法制教育的核心。再如武松喝酒后上景阳冈打死老虎这一情节就违反了《中华人民共和国野生动物保护法》《陆生野生动物保护实施条例》，因为老虎是国家一级野生保护动物，任何人不得对其进行杀害。

这种在阅读中的法制教学，会让学生从自身的实际考虑，自觉增强法制意识。

中央电视台的《今日说法》栏目深受大家喜爱，它的成功除了选题贴近百姓生活，讲述真实生动，弘扬道德风尚，普及法律常识外，还得益于每一期都有一个好标题。这是向我们传授作文拟题技巧的好办法。我们可以让学生每天定时观看，同时搜集新颖、别致、深刻、醒目的标题，并按照拟题的不同角度分门别类，从中体会拟题的技巧和方法。有借用歌名、书名、影视剧名来拟题的，如《贪官现形记》的名字来源于李宝嘉《官场现形记》，《富爸爸，穷爸爸》这个题目马上让人联想起那本轰动全球的同名畅销书，还有改自经典电影《魂断蓝桥》的《魂断清明》，借用大家耳熟能详的流行歌曲的《为什么受伤的总是我》《我想有个家》等；有运用多种修辞手法来拟题的，如《谁为我作证？》《他是英雄吗？》中运用设问，《变脸》中运用双关，《古树的叹息》《“长腿”的湖》中运用拟人，《传销“鼻祖”现形记》中运用反语等；有利用逆向思维、出人意料来拟题的，如《危险的保险箱》中，用“危险”来修饰“保险箱”，令人诧异，《小偷告失主》题目中有反常态的写法，引人注意。学生看得高兴、学得轻松，起到了良好的教学效果。

综上所述，在对学生法制教育中，不仅要向他们传授法律知识，更重要的是培养他们的法律观念，所以在语文教学这个主阵地上进行法制教育就显得尤为必要。所以，作为语文教师的我们应当积极想办法，充分、合理、科学地挖掘语文课程中的法制教育资源。同时，作为语文教师，我们也应当在日常琐碎的教育教学工作中开动脑筋，积极想办法进行法制教育，提高学生的法律素质，为学生的健康快速成长奠定坚实的基础！

实践证明，在语文教学中把法制教育引入语文教学，适时地渗透法制教育，可以将学生的“生活世界、书本世界、精神世界”联系起来，实现语文教学贴近生活、贴近学生实际、贴近时代。使语文教学既加强了学生的法律意识，又提高了学校法制教育的实效性。

第四章 语文教学设计

教学设计是根据课程标准的要求和教学对象的特点，将教学诸要素进行有序安排，确定合适教学方案的设想和计划。语文教学设计既要符合学情，又要体现知识性、创新性等，做好课后反思是语文老师必须长期坚持的。

《中国建筑的特征》教学阐释

【文本解读】

《中国建筑的特征》是人教版课程标准实验教材必修5教材中的篇目，是自然科学小论文，属于实用类文本。

本文的文脉：首先从地域分布和历史跨度方面说明中国建筑的影响。其次，重点分析中国建筑的九大特征；再次，探讨中国建筑的风格和手法（即“文法”问题）；最后，作者提出了“各民族的建筑之间的‘可译性’问题”。

梁思成先生是学贯中西的建筑家，认真品读课文，不仅能收获有关中国建筑学的科学知识，而且能从作者严谨的表述中，感受到作者心中涌动的强烈的民族情怀和高雅独特的审美境界。

无论是从全文来看，还是从每一部分来说，都条分缕析。所以，厘清思路，归纳概括文章的要点，是突破本文的关键。按照作者叙述的详略，文章的第二部分和第三部分是本文掌握的重点。另外，本文中作者所提出的诸如“文法”“可译性”等新概念，对它们的理解不同于文学类文本，根据《课程标准》以及实际情况，需从局部内容的分层归纳上去解决问题。

【教学设想】

（一）学情分析

本文的教学对象是高二的学生，已经学过《宇宙的边疆》等自然科学小论文。因此，学生对这种科学小论文已经有了一定的了解，知道其论述的严谨性和语言的简洁性。但对于文中提出的诸如“文法”“可译性”等新概念，对其的准确理解还需要引导。

（二）教学目标

《课程标准》中关于必修5册实用类文本的有关叙述是：从整体上把握文本内容，厘清思路，概括要点，理解文本所表达的思想、观点。而实用类文本阅读的评价，着重考查学生对文本内容的准确解读，以及对文本信息的筛选和处理能力。

知识教育目标：①厘清文章思路，明确中国建筑的特征。②根据分层，归纳概括“文法”“可译性”等重点词句的含义。

能力培养目标：①学习本文科普文章的语言特色，并指导学生在说明文或议论文写作中有意识地学习和借鉴。②通过对课文的一些主要内容和观点展开讨论，提高学生探究问题的能力。

情感培养目标：通过学习，提高对我国建筑艺术的审美能力，激发学生对我国古代悠久的建筑艺术的热爱之情。

3. 重点难点

根据自然科学小论文的特点和学生的学习状况，将本文的重难点制定如下：

教学重点：把握文章整体结构，厘清思路，掌握中国建筑的九大特征以及中国建筑的“文法”。

教学难点：①对建筑术语如“所”“斗拱”“举架”的理解。②对作者提出的新概念“文法”“词汇”以及“可译性”的理解。

【教学方法】

（一）教学方式

学习说明文，主要让学生了解文章所讲述的内容，学习说明文简洁明了的语言，并把学到的技巧运用于平时的写作中。还要激发学生的创新意识，培养他们的自主探究能力。为了使本文的教与学达到最佳的效果，本文主要采取以下的教学方法：

1. 三读：通过在预习的基础上的浏览、精读、研读三步让学生逐渐深入地掌握课文知识。

2. 设置情境：在课堂上，利用课件和视频进行直观性教学，让学生更真切地了解说明对象。

3. 问题讨论：引导学生自主学习、合作探究，共同分享合作的乐趣，感受成功的喜悦。

4. 课外探究：引导学生发现和寻找现实生活中的建筑，比较它们与中国传统建筑的区别。

（二）学习方法

精读研究法：学生通过仔细阅读揣摩课文，深化对中国建筑特征的认识。

对比学习法：把中国的传统建筑与西方的建筑进行比较，让学生更深刻地了解中国建筑的特征。

【教学手段】

多媒体课件。

视频：一段介绍中国古代建筑特征的视频，增强学生的感性认识。

【教学过程】

（一）课前预习

1. 通读课文，初步了解课文内容。

2. 了解作者。

（二）课堂教学

1. 导入

（多媒体课件展示中西方建筑的图片）同学们是否能一眼便能分辨哪幅图片是中国建筑？为什么能一眼便知？

（由此引入课题，这样做有利于增强学生的直观感受，对学习文章有极大的好处）

2. 速读课文，整体感知

让学生快速浏览课文，归纳全文思路。速读之前，老师予以指导：这其实就是给文章分段，然后总结段意。明确本文先写什么，然后写什么，接着写什么，最后写什么。这个部分难度不大，大部分学生能快速、独立解决。

3. 精读课文，思考探究

我们了解了本文的行文思路，但是“中国建筑的具体特征”却还扑朔迷离。要想解决这个问题，就必须分析每一段的具体内容。鉴于此，我给大家出了两道思考题，通过问题激发学生思考的欲望。第一组研究第一题，第二组研究第二题，给大家 3 分钟时间，同桌互助合作完成这项任务。这两道题是：①请把梁思成先生所总结的中国建筑的 9 大特征，再从 3 个角度高度概括一下。并据此，复述中国建筑的特征。②怎样理解作者提出的“中国建筑的‘文法’”？

【设计过程及目的】

在学生讨论的时候，老师巡视教室，通过询问了解情况，给予点拨。在学生回答的时候，遇到分类归纳不准确的情况时，可以人物为例来类比指导；在学生复述的时候，大屏幕出现故宫图片，创设情境，启发诱导，学生会出现的问题多表现为表述啰唆、拖沓，这就需要老师提前明确方法。

关于文法问题，老师首先用多媒体展示出方法指导：这里运用了比喻手法，那么只需找出对应的本体，就可解决问题。学生的问题更多表现在不够全面，表述比较混乱，逻辑性不强，我就事先强调让学生用笔写出来。从而保障在与同桌的讨论中探究答案的全面性，在书面的调整中加强语言的严谨性。通过这两道题的设置，有效地锻炼了学生对文本信息筛选和加工能力，不仅让学生明确了中国建筑的特征，加强了文化厚度，而且锻炼了学生使用这类文本的归纳概括能力，提高了做题技巧。至此，学习目标基本达成。

4. 再读课文，揣摩语言

这篇文章出自科学大师之手，除观点确实、叙说严谨之外，文笔也兼有理趣和情趣。例如本文之中就有许多生动形象的比喻句，请大家找出来，并结合上下文，说说运用比喻说明的表达效果。

【设计过程及目的】

学生在初中二年级语文课上就掌握的说明文语言的生动准确性，这里要求学生独立思考，注意语言表述的准确性、流畅性。最后，引导学生归纳答题模式（老师首先板书答题模式：即①把……比喻成……②生动形象地说明了……）。这个过程旨在引导学生通过对一些精彩比喻句的赏析，让学生体会本文叙述说明语言形象生动的特点。

5. 对比探究

利用幻灯片展示西方建筑和中国传统建筑，让学生分析它们不同的建筑特点。以此来加深学生对于中国传统建筑特征的认识，以及中国建筑发展中的兼收并蓄问题。

6. 检测目标

本着考查学生对文本内容的准确解读，以及对文本信息的筛选和处理能力的学习目标，制定以下检测题目。

①阅读第 8 自然段，思考：中国建筑中，斗拱的作用有哪些？②阅读文章倒数第 2 自然段，思考：怎样理解作者提出的各民族建筑之间的“可译性”？

7. 课外拓展

关注家乡的建筑，可以选择家乡保存完好的传统建筑，也可以选择有代表性的现代建筑，介绍这些建筑的特点。

【教学反思】

1. 自主探究，培养学生搜集资料和实地考察的能力

本文是一篇说明文，文中涉及的中国建筑方面的概念术语很多，有些说明文字因为没有图例参考不容易读懂。因此，我鼓励学生多查找一些图片资料，如网上图片、书中图片、有关中国民居建筑的邮票等。有条件的地方还可以让学生就近寻访一些名胜古迹，做一些实地考察，加强感性认识，也能培养学生的自主探究能力。

2. 提供有关中西方建筑的视频和网站，开拓学生的视野

中国建筑的独特文化和建筑方式，在与西方建筑的对比中会凸显得更为明确。因此我提供了一个西方建筑的视频和相关的网站，让学生能自己动手查阅相关的信息，拓宽学生的视野。

《念奴娇·赤壁怀古》教学设计

【教学目标】

1. 感受豪放风格，并进行反复朗诵。

2. 通过比较阅读，了解炼字的艺术效果。

3. 品悟词中超脱旷达的情怀；并由此联系社会、生活，培养学生面对逆境时，要把眼光放长远一些，胸怀放宽广一些，把握当下的精神。

【教学时间】一课时

【教学过程】

（一）“备”

提前发放学生学案，让学生完成课前预习。

导入：同学们提前做了学案，了解了作者和本词的背景，自然也了解本词的风格了，对吧？什么风格：豪放。接下来我们就通过听，先来初步感受，看看是否都能充分地领略这豪放的词风。

（二）“读”

听泛读，初步感知全词。

学生自读，感受作者的词风豪放。

问：同学们都知道这是一首豪放词，那么从哪些方面可以看出其豪放特征？

答：壮阔的景象；英雄的人物；旷达的情感。

“景的豪放”：险峻、高峻、汹涌澎湃、水石相击、浪花四溅，写出了长江奇险雄伟的宏大气势。

“人的豪放”：“周郎”——24 岁当了“建威中郎将”。

情场：“当年”，年仅 24 岁娶了绝代美女小乔。

战场：34 岁，赤壁大战前线总指挥；羽扇，羽毛做的扇子；纶巾，青丝做的头巾，儒将的象征；谈笑间，淡定自若。樯橹灰飞烟灭，以少胜多。

明确：周瑜是一个年轻有为、功成名就的英雄人物。所以，塑造人物时也是一种豪放的风格。

（三）“析”

展示前后版本，找出不同的地方，比较分析，分组合作探究，感受最终定稿的妙处。唐人贾岛的“推敲”，宋人王安石的“春风又绿江南岸”，是自古传诵的炼字佳话，而苏轼对《念奴娇·赤壁怀古》的修改却鲜为人知，今天我们一起来看看苏轼炼字的艺术。

请大家看看改动后与改动前的不同：

大江东去，浪淘尽，千古……（大江东去，浪声沉，千古……）

三国周郎赤壁。（三国孙吴赤壁。）

乱石穿空，惊涛拍岸。（乱石崩云，惊涛掠岸。）

故国神游，多情应笑我。（故国神游，多情应是笑。）

（1）分组合作讨论前后的差异（表意上、表达效果上）

我展示的另一个版本是苏轼的学生，也是他的好朋友黄庭坚手书的作品，这部作品被后人认为是《念奴娇·赤壁怀古》的初稿。现在的是定稿，可见，苏轼在完成作品后并没有停止对作品的思考，后来对作品做了一次又一次的修改。

（2）各组汇报讨论结果

（3）教师点评

①浪淘尽－浪声沉：浪淘尽上接“大江东去”，下承“千古风流人物”，一个“尽”字，让人有了历史感，如作“浪声沉”就与下文的“千古风流人物”连续不上了，也远离了题目的“怀古”。

②“周郎”本身就给出了一个具体的风流倜傥的形象，同时又与下文的“公瑾当年”“小乔初嫁了”“雄姿英发”相呼应，用“孙吴”就不具体了，也不能突出由周瑜任主帅的赤壁之战。

③“崩云”不好理解，改成“穿空”，写出了宏大的气势，“掠岸”与“拍岸”相比，前者气势不够，动感不强。

④“多情应是笑”与“多情应笑我”，后者突出了“我”，强调了自我的感受，使这首词的抒情意味更加浓烈了。

（四）“悟”

体会旷达情怀。

（1）师：苏轼用豪放的格调怀念古人、古事。怀古之人必有怀古之情，此时此刻东坡先生会发出什么样的感慨呢？

生：齐读下片中抒情的句子。

（2）师：神游故国，面对英雄人物，应笑我多情，笑我什么？

词人苏轼也是有着雄才大略、思想抱负之人，但一生一贬再贬，华发早生，满腔的热血、满腔的抱负没有机会施展。可以说此时此刻诗人内心有无尽的怨、无尽的愤，更有无尽的愁。作者感时伤己、伤今之情油然而生。

（3）生：再读“故国神游，多情应笑我，早生华发”。此时此刻无尽的愁郁结于苏轼心头，作者愁啊！

（4）“人生如寄，一樽还酹江月”与“人生如梦，一樽还酹江月”这其中有什么区别呢？

明确：人生就像“梦”，“梦”有什么特点？

一个“梦”字，已有许多作者的感叹在其中，可是换了“人生如寄”就色味大减。因为“人生如寄”是说人就是寄居于世间，很是短暂，很是感伤；但“梦”不但有短暂之意，更有“到头来一切都是一场空”之意，更显其悲。

为什么祭奠“江月”，“江月”有什么特点？

明确：人生如梦，是非功名，过眼云烟，算了吧！算了吧！还是拿起酒杯祭奠祭奠江月，只有它是永恒的。

所以，余秋雨先生曾把被贬黄州的苏轼比作一个暂时有内心矛盾，被困惑包围的“突围者”，但是东坡经过暂时的困惑，诗人终获得了超脱。

（5）感悟自己人生。

教学活动：

师：在见证了苏轼由困境到超然的过程之后，反观自身，你有何感悟？

明确：面对逆境，要把眼光放长远一些，胸怀放宽一些，把握当下。

总结：通过今天的学习，我们了解了苏轼豪放风格的代表作，我们也了解了百炼成钢，修改锤炼一直是写好文章的重要条件，大师也并不是生就的，苏轼之所以成为苏轼，《念奴娇》一词给了我们答案，大师尚且如此，我们的作文呢？希望大家上完今天的课能有所收获。

【板书设计】

景：（雄浑壮美）江山如画，穿、拍、卷。

人：（雄姿英发）羽扇纶巾，谈笑间，樯橹灰飞烟灭。

情：（旷达豪迈）多情应笑我，一樽还酹江月。

【作业】

比较本词与《雨霖铃》的不同之处。

《念奴娇 · 赤壁怀古》导学案

【自主学习目标】

1. 了解苏轼的生平和思想，了解词的写作背景。

2. 诵读吟咏，感受诗词恢宏开阔的意境。

3. 学习品析，感受词人壮志难酬的心情。

【自主学习重难点】

1. 情与景的自然结合。

2. 诵读吟咏，感受诗词意境，了解苏轼的创作风格。

【自主学习方法】反复吟诵法，问答法，讨论法

【相关知识链接】

关于豪放派词：

豪放派是相对婉约派而言。词原来是从民间小调发展来的，多以艳情为题材，语言清丽，音律严谨，表现婉曲含蓄，就用“婉约”两字来形容它的风格。后来慢慢有了变化，到苏轼笔下，词的题材被大大拓宽了，所谓“以诗入词”，形式上也不再严格遵守腔调韵律，语境更壮阔了，确立了豪放派的风格。豪放派词人中，辛弃疾是集大成者。

知人论世

苏轼（1037年1月8日—1101年8月24日）字子瞻，又字和仲，号“东坡居士”，世称“苏东坡”。汉族，眉州眉山（今四川眉山，北宋时为眉山城）人，祖籍栾城。北宋著名散文家、书画家、词人、诗人，是豪放词派的代表。和父亲苏洵，弟弟苏辙合称为唐宋八大家中的三苏。苏轼是苏洵的次子（苏洵长子夭折），1057年（嘉祐二年）与弟弟苏辙同登进士。

乌台诗案：乌台，即御史台。据《汉书·朱博传》记载，御史台中有柏树，乌鸦数千栖居其上，故称御史台为“乌台”，亦称“柏台”。乌台诗案，即御史台诗案。它兴讼于宋神宗赵顼元丰二年（1079）。苏轼是被告。原告是：权监察御史里行何正臣、舒亶，国子博士李宜，权御史中丞李定等人。他们指控苏轼写诗文讪谤朝政、反对新法、指斥皇帝，要求处置苏轼。

原来，苏轼步入仕途之日，正值王安石变法之时。朝廷上革新派和守旧派两军对峙，斗争激烈。苏轼站在守旧派的立场上，多次上书神宗，表明自己的反对态度，并请求尽快停止变法。请求未果，于是希望离开政治斗争的旋涡，故上书请求外任。获准后，先任杭州通判，三年后，又到密州、徐州、湖州等地任知州。在此期间，苏轼针对新法推行中出现的问题，写了一些讥讽新法的诗文，引起了一些人的嫉恨。任湖州知州后不久，乌台诗案便发生了。

后来苏轼被贬到黄州担任团练副使，实际上是把他当作政治犯发配到地方上去，同时还要接受当地官吏的监督。当他一路跌跌撞撞、狼狈不堪地抵达黄州、住进一所破庙之时，我们几乎要洒下同情的泪水。但是，我们这些凡夫俗子又怎知，似乎是冥冥苍天特意安排了这位汉民族的杰出子民在蒙受了巨大冤屈之后，去完成一项开辟宋代文学新纪元的伟大创举——因为，他的才情和黄州土地的相互融合，他的胸襟和赤壁之水的相互激荡，意味着《赤壁怀古》和《赤壁赋》的诞生，意味着宋代文学将走上一段新的里程。

【基础知识积累】

一、注音

公瑾（　　）　　纶（　　）　　巾樯橹（　　）

华（　　）发　　酹（　　）　　淘（　　）

二、解释下列句中画线的词

①浪淘尽（　　）②千古风流人物（　　）

③人道是（　　）④乱石穿空（　　）

⑤雄姿英发（　　）⑥一樽还酹江月（　　）

三、指出下列句子各运用了什么修辞手法？

①乱石穿空，惊涛拍岸，卷起千堆雪。（　　）

②羽扇纶巾，谈笑间，樯橹灰飞烟灭。（　　）

【文本自主研习】

1. 整体感知，思考：上、下两阕各写了什么内容？

2. 你能从词的哪些内容可以看出其豪放特征？

3. 比较阅读，本词前后两个版本，感受教材中用词的含义。

A. 大江东去，浪淘尽，千古风流人物

大江东去，浪声沉，千古风流人物

B. 三国周郎赤壁

三国孙吴赤壁

C. 乱石穿空，惊涛拍岸

乱石崩云，惊涛掠岸

D. 故国神游，多情应笑我

故国神游，多情应是笑

4. 重点比较“人生如寄，一樽还酹江月”与“人生如梦，一樽还酹江月”的表达效果，体会作者的情感。

【延伸拓展提高】

阅读下面一首词，然后回答问题。

江城子·密州出猎

苏轼

老夫聊发少年狂，左牵黄，右擎苍，锦帽貂裘，千骑卷平冈。为报倾城随太守，亲射虎，看孙郎。

酒酣胸胆尚开张，鬓微霜，又何妨。持节云中，何日遣冯唐？会挽雕弓如满月，西北望，射天狼。

1.“老夫聊发少年狂”中的“狂”字在整首词中有何作用？

2.“会挽雕弓如满月，西北望，射天狼”勾勒出了怎样的形象？表达了作者怎样的心志？

归园田居五首（其一）教学设计（使用多媒体教具）

【教学目标】

1. 学会在诗意的想象中朗读诗歌。

2. 学习描写景物的艺术手法。

3. 体味作者对黑暗官场的厌恶之情和对田园生活的喜爱之情。

【教学重点】

1. 理解诗歌中情与景的密切关系。

2. 理解作者反抗黑暗，辞官归田，不与当时黑暗的上层社会同流合污，热爱田园生活的精神。

【教学难点】

培养学生通过揣摩语言，想象画面，体味情感来鉴赏诗歌的能力。

【教学过程】

1. 作者导入：陶渊明是一个怎样的文人？（让学生自行回答）

2. 鉴赏步骤

①我谈陶渊明

他的性格：不为五斗米折腰，表现了他厌倦官场阿谀奉承的丑态，清高有骨气。

（该环节的目的在于让学生主动回答出陶渊明的诗歌风格）

他的诗歌风格：田园风格。

②诵读感知

齐读诗歌，注意字音字词，读出节奏，读出诗味。

（本环节教师要做诵读指导，让学生把握好读诗的技巧）

③分析

问：刚才大家都提到陶渊明的诗歌风格是田园诗风格，那么本诗是否体现了田园诗的特点？

等待学生的肯定回答之后，让其归纳为什么这么肯定的原因，这首诗哪些地方体现了这个特点。

田园诗：不热衷于功名利禄，诗歌主要描写自然风貌、农村景物以及安逸恬淡的隐居生活，表达热爱田园生活的情感。

学生分组合作讨论，每组须有一发言同学。

（本环节主要让学生主动地去进行分析以及归纳，并结合自己的归纳回到诗歌本身中去做进一步的理解）

④再次诵读，体会“景”“情”

宋代范希文《对床夜话》中说：“景无情不发，情无景不生……化景物为情思。”

而王国维则更在《人间词话》中明确指出：“一切景语皆情语。”

3. 教师总结

针对学生的回答情况来进行总结。

4. 拓展延伸

①“景”和“情”的关系历来是高考诗歌考查的重点，他们就好像一首诗歌的躯体与灵魂一样，古人们也因此纷纷发声，请同学们体会一下。

读下面一首古诗，回答问题。

谢亭送别

许浑

劳歌一曲解行舟，红叶青山水急流。

日暮酒醒人已远，满天风雨下西楼。

有人认为第二句“红叶青山”的色调与全诗的感情基调不和谐，你如何看待这个问题？

②阅读陶渊明的这首诗，这是一首田园诗吗？为什么？

《杂诗》其二

陶渊明

白日沦西河，素月出东岭。
遥遥万里辉，荡荡空中景。
风来入房户，夜中枕席冷。
气变悟时易，不眠知夕永。
欲言无予和，挥杯劝孤影。
日月掷人去，有志不获骋。
念此怀悲凄，终晓不能静。

分析：日落日出，清辉万里，一切都显得那样的清空渺茫、幽寂凄冷。在这里，作者的思想感情深深地潜进了字里行间，凄清空茫的景色同诗人失意惆怅的心境紧紧交织在一起。

写出了陶渊明因为光阴流逝、壮志难酬而长夜不眠的悲凉愁闷的心情，融情入境，借景抒情。

③心灵的碰撞

你觉得能从本诗作者陶渊明的身上得到怎样的生活启示？

引导学生思考怎么样才算是诗意地面对生活。教师可根据自身的教学生活进行启发，引导学生去发现自己高中学习生活的诗意，学会诗意地面对自己的生活。

5. 作业布置

①背诵全诗。

②阅读有关陶渊明的诗歌与文章，加深对陶渊明的了解。

③运用借景抒情或寓情于景的手法写一首诗歌或文章，注意文中意象的选择。

名著导读《莎士比亚戏剧》教学设计

【教学目标】

1. 了解莎士比亚和他的作品。

2. 了解莎士比亚作品的主要内容。

3. 了解莎士比亚戏剧的特点。

4. 赏析莎士比亚的戏剧语言。

【教学重点】

了解莎士比亚作品的主要内容，赏析莎士比亚的戏剧语言。

【教学难点】

了解莎士比亚戏剧特点。

【教学过程】

1. 作者及作品

莎士比亚，1564年4月23日生于斯特拉福镇(Stratford)。父亲是一个商人。18岁时与比他大8岁的安妮结婚，婚后6个月即生下一个孩子。21岁时来到伦敦，逐步走上戏剧创作的道路，最终成为著名剧作家，享受国王供俸。1616年4月23日逝世。

莎士比亚一生创作了两部长诗、一部十四行诗集、三十七部剧作。他的创作可以分为三个时期。

①早期（1590—1600年）

长诗——《维纳斯与阿多尼斯》《鲁克丽丝受辱记》《十四行诗集》。

九部历史剧——《亨利六世》（上中下）、《理查三世》《理查二世》《亨利四世》（上下）、《亨利五世》《约翰王》。

喜剧代表作是《威尼斯商人》，里面成功塑造了吝啬鬼夏洛克这一人物。

悲剧代表作是《罗密欧与朱丽叶》，这是一部带有喜剧色彩的悲剧。

②中期（1601—1607年）

四大悲剧——《哈姆雷特》（1601代表作）、《奥赛罗》（1604）、《李尔王》（1604）、《麦克白》（1606）。

另外，《雅典的泰门》也很著名。

③后期（1608—1612年）

《辛白林》（1609）、《冬天的故事》《暴风雨》（1611）。

2. 评价

威廉·莎士比亚（William Shakespeare，1564.4.23—1616.4.23），文艺复兴时期英国和欧洲最伟大的作家，也是世界四大著名诗人之一。

“莎士比亚是时代的灵魂，戏剧元勋。他不属于一个时代，而属于所有世纪。”（本·琼生）

“他有非凡的心灵，是才气横溢的全能大师。只有这个伟大的时代才能产生这样一个伟大的婴孩。”（泰纳）

雨果认为《圣经》、荷马、莎士比亚“三位一体”。

“莎士比亚就是无限。”（歌德）

“莎士比亚是一个仅次于上帝，创造最多的人。”（大仲马）

“莎士比亚是戏剧方面的荷马。”（别林斯基）

3. 作品特点

他第一个用写史诗的形式写了九部历史剧，生动地叙述了也评论了从约翰王到亨利五世的三百年英国历史。我们说他评论了这段历史，这是因为将这些历史剧放在一起来看，莎士比亚歌颂英国民族国家的形成，拥护强有力的开明君主，谴责封建集团之间的斗争，暴露阴险恶毒的政治人物的危害，他的倾向性是明显的。

他有点铁成金的本领：他的剧本的主要情节几乎全部来自别人，然而经他加工之后，这些情节获得了新的深刻的意义。哈姆雷特在他手里从一个通常的复仇者变成一个胸襟广阔、思想深刻的人文主义者，这个变化是至今都令人惊叹不已的。

他最懂戏：他的剧本总是情节生动，比别人更能利用当时舞台的特点，发挥演员的潜力。他写得比较放松、自由，然而却不稀罕使用廉价的“手法”，如突然出现一事，叫观众大吃一惊之类。他剧中的情节总是有足够的理由在后面出现，在情节的安排上他显示了卓越的比例感和节奏感。

他善于创造人物：他的人物总是比当时别的剧作家笔下

的人物更全面、更深刻。他善于“窃取”我们的心，使我们同情他着力刻画的主要人物。几百年来，哈姆雷特、奥赛罗、罗密欧、考狄利娅、苔丝狄蒙娜、鲍西娅、朱丽叶、罗瑟琳……吸引了无数的观众和读者。他在描写性格方面不简单化。高利贷者夏洛克有其残忍、凶恶的主要一面，也有其作为犹太人受侮辱受迫害的次要一面。他不是一下子就将人物的性格全盘端出，他让他们随着剧情的发展，在同别的人物的接触中泄露他们自己，丰满他们的形象。这种接触和往来就是人物之间的社会关系，他总是力图在这种关系里注入重大的思想内容，于是我们看见一个年轻的人文主义者同整个险诈的朝廷对立，一个正直、勇敢、诚挚的英雄同一群马基雅维利型的冒险家对立，一个代表新兴的资本主义势力的进出口商人同一个体现中世纪剥削制度的高利贷者对立——这一系列的对立就是一系列意义重大的冲突，在冲突和冲突的解决里人物显示出他们性格的更多方面，给予观众以新的震撼和新的了解。19 世纪英国批评家几乎完全集中注意力在莎士比亚的人物性格上，这是过偏了，但这也因为莎士比亚的人物性格确有可以深挖、值得深挖的地方。

4. 内容梗概

①《罗密欧与朱丽叶》内容简介

在古代意大利的维罗纳城里，有两个世仇大家族，蒙太古和凯普莱特。蒙太古的独子罗密欧在凯普莱特家的盛大舞会上，见到了主人的独生女，维洛那城最美丽的绝色名媛朱丽叶，在罗密欧看来，朱丽叶简直是奇葩在百花中争艳。明星在黑夜中闪现，日月在九天中高悬，不，是仙女降落人间，朱丽叶也一眼看中了英俊非凡、举止优雅的罗密欧，他们都为对方的非凡仪表所吸引，一见钟情，难舍难分。罗密欧不顾朱丽叶是仇家的掌上明珠，爱情的火焰在心中越烧越旺。晚会后，他潜入主人家的花园，来到朱丽叶闺房的阳台下，寻找他的灵魂。朱丽叶也得知，她所爱慕的英俊王子是仇家的儿子罗密欧，她也不顾家族世仇，芳心里燃起了熊熊爱火，心潮如海涛激荡，她来到阳台上，对着夜空吐诉衷情，这对恋人就这样一上一下，一问一答，在狂喜中海誓山盟，私定终身，度过了一个幸福的月夜，并且约定在第二天就请人商量决定结婚的时间和地点。

天明后，罗密欧去修道院求劳伦斯神父成全他与朱丽叶的婚姻，神父也想利用这对恋人的深情去化解这两个家族的仇恨，同意主持他们的婚礼。当天下午，罗、朱二人先后到达神父处，在神父的主持下喜结良缘。朱丽叶回到家里，心花怒放，急切在等待黑夜来临，以便让丈夫早一点投入自己的怀抱。

罗密欧与他的好友茂丘西奥在街上遇见了蛮横无理的提伯尔特，他是朱丽叶的表兄，曾多次向罗密欧挑衅，这次他又首先动武，刺死了茂丘西奥，罗密欧在自卫中，失手刺中了提伯尔特，使不可一世的提伯尔特也当场毙命。

维罗纳亲王对此非常恼火，下命令把罗密欧流放到曼多亚，如果发现他偷偷回来，即处死刑，这一消息对朱丽叶来说，简直是“一阵风暴”“一个闷雷”，又如同“可怕的号角，宣布世界末日的来临”。开始她怨恨罗密欧竟会杀死她亲爱的表哥，当了解真相后就原谅了丈夫的过错。她懂得，罗密欧若不自卫，她的表哥就会杀死自己心爱的丈夫，现在她丈夫还活着，但是当她想到“罗密欧放逐了”，不能同心爱的人在一起了，这是她最大的痛苦。她吩咐奶妈去把罗密欧找来见最后一面，在奶妈的帮助下，当天晚上，罗密欧进入了朱丽叶闺房，度过了他们一生中最幸福的时光。天亮前，罗密欧与爱妻忍痛告别，前去曼多亚。

罗密欧刚走，凯普莱特夫妇就逼女儿嫁给维罗纳亲王的亲戚帕里斯伯爵，朱丽叶向神父求救。神父给她一小瓶药水，叫她在婚礼的头一天晚上服用，装死逃婚。朱丽叶依计而行，当帕里斯来迎娶新娘时，新娘突然“死去”。欢乐的婚宴变成了悲哀的殡礼，迷人的新婚曲变成了沉痛的挽歌。

劳伦斯神父派人去找罗密欧回来，把苏醒后的朱丽叶带到曼多亚去，不巧此信未送到。罗密欧从他的仆人鲍尔萨泽那里得到了朱丽叶的“死讯”后痛不欲生，他雇了两匹快马，向当地一个穷药农买了一瓶毒药，打算找到朱丽叶的墓地后与爱妻死在一起。深夜里，罗密欧来到朱丽叶的“墓地”，把墓门掘开，不巧被帕里斯发现。在“墓地”守夜的帕里斯以为罗密欧是个盗墓者，要逮捕罗密欧，他们两个人格斗起来，帕里斯中剑身亡。罗密欧打开墓穴，他惊奇地发现：死亡没有摧残朱丽叶的美貌，她的嘴唇上、面庞上依然显着红润的美艳，他自言自语地说："亲爱的朱丽叶，你为什么仍然这样美丽？难道那虚无的死亡，那枯瘦可憎的妖魔，也是个多情种子，所以把你藏匿在这幽暗的洞府里做他的情妇吗？为了防止这样的事情发生，我要永远陪伴着你，再不离开这漫漫的幽宫。"他最后一次亲吻拥抱了朱丽叶后，把毒药一饮而尽，倒在爱妻身边死去，朱丽叶醒后，发现罗密欧已死在了自己的身边，一只空杯子在他的手中，她知道一定是毒药结束了他的性命。罗密欧死了，这对朱丽叶来说，简直是五雷轰顶，万箭攒心，她万念俱灰，只求速死，她急切地吻吸罗密欧的嘴唇，指望上面还有一些毒液，帮她渡过冥河，踏上黄泉紧跟丈夫，尽快离开这让人痛苦的世界，进入万劫不复的冥府，当她感到毒液不够，外面人声鼎沸时，她毅然拔下罗密欧身上的佩剑，用力刺向自己冰肌玉骨的胸膛。

巡夜兵丁请来了亲王，找来了凯普莱特夫妇和蒙太古（他的夫人因爱子远逐而悲伤过度，于前一夜去世），维罗纳各界人士纷纷奔向墓地，亲王决心要把"这场万恶的杀人命案的真相查出来"。劳伦斯神父向大家介绍了这对恋人热烈、纯真、无畏、悲惨的爱情故事。鲍尔萨译把罗密欧在曼多亚写好的遗书交给亲王，亲王听了神父的介绍，看了罗密欧的亲笔遗书，愤怒地对两位家长说："凯普莱特！蒙太古！瞧你们的仇恨已经受到了多大的惩罚，上天借手于爱情，夺去了你们心爱的人，我为了忽视你们的仇恨，也已失去了一双亲戚，大家都受到惩罚了。”

凯普莱特和蒙太古都从巨大的痛苦中清醒过来，往日的怨恨都在儿女的血泊中冰消瓦解，蒙太古宣布，要为已故儿媳铸一座金像：“只要维罗纳一天不改变它的名称，任何塑像都不会比忠贞的朱丽叶那一座更为卓越”，凯普莱特也说：他的已故女婿“罗密欧也要有一座同样的富丽金像在他恋人的身边”。这对可敬、可佩、可爱、可怜的恋人的思想和容貌，在历史的长河中永放光辉。

②《威尼斯商人》故事梗概

年轻貌美的富家女子鲍西亚，按照她父亲的遗嘱，得到了金、银、铅三个盒子。其中一个盒子里面装着她的画像，如果哪位先生选择了正确的盒子，那么她将嫁给那个男人。于是，求婚者从世界的四面八方赶来……

有一位名叫巴萨尼奥的年轻人，他下定决心要赢得鲍西亚。但是，要想达成这个愿望，得准备一笔不小的费用。于是，他向富有的威尼斯商人安东尼奥求助，希望这位好友能借给他 3000 块钱。不巧，安东尼奥的钱都投入到了海上贸易，一时拿不出那么多钱。但安东尼奥是位非常看重友情的基督徒。他立定心志要成全朋友的美事，以自己的信用为担保，替朋友借债。因此，高利贷夏洛克便成了安东尼奥的债主。

借债时双方约定：“三个月为期限，到期不还，由债权人在债务人身上割一磅肉作为处罚。”结果，安东尼奥的海上贸易受阻，未能按期还款。于是夏洛克要求法庭准许他按照契约约定割下安东尼奥身上的一磅肉。

高利贷夏洛克认为订立了契约就必须守约，谁也不能违背或改变。因此，夏洛克一定要按照约定割一磅肉。他在法庭上对法官说：“我的要求是合理的，您要是拒绝了我，那么你们的法律就见鬼去吧！”对此，作为被告的威尼斯商人安东尼奥心里也清楚，法官不能变更法律的规定。夏洛克的要求非常过分，但在场的所有人员也必须得承认：“在威尼斯谁也没有权力变更既成的法律。”

合同必须信守，安东尼奥必须履行自己的诺言。契约虽然残忍，但是，在商贸非常发达的威尼斯，社会成员都按契约办事，并不考虑其他非法律、非契约手段。面对这一磅肉的事实，固守契约似乎违反了人情，但如果尊重人情，似乎又蔑视了契约。在人情和契约之间，法庭还是选择了契约。

到最后关头，夏洛克还是放下了屠刀。让他改变主意的，并不是谁的哀求，也不是良心反悔，仍然是契约。

当初，安东尼奥和夏洛克签订契约时，只规定了一磅肉，只字未提因割肉而流出来的血。法官抓住这一疏忽，要求夏洛克在割肉的时候，不能让安东尼奥流下一滴神圣的鲜血，否则就是违约。如果违约，他就是故意杀人，他的产业，按照威尼斯的法律，就要充公……

③《哈姆雷特》内容提要

丹麦国王哈姆雷特突然逝世后不到两个月，王后乔特鲁德就和国王的弟弟——新国王克劳狄斯结了婚，王子小哈姆雷特深受刺激。在无数悲哀的日子里，年轻的王子反复思量着他敬爱的父亲的死因。虽然克劳狄斯宣称国王是被一条蛇咬死的，但敏锐的哈姆雷特怀疑克劳狄斯就是那条蛇。怀疑和猜测困扰着哈姆雷特，直到有一天他听说鬼魂的事，整个宫廷阴谋才显露出端倪。

霍拉旭是哈姆雷特的好朋友。他和宫廷侍卫曾在夜半看见过一个鬼魂，长得和已故的国王一样，悲哀而且愤怒地走过城堡的高台。当霍拉旭向哈姆雷特讲起此事时，困惑中的王子立刻相信了，他断定这一定是父王的鬼魂，并在当天晚上和哨兵一起去守夜，果真见到父王的鬼魂。鬼魂说他是被自己的亲弟弟克劳狄斯害死的，凶手的目的是篡夺王位、霸占王嫂，要他一定要向那卑鄙的凶手复仇。

哈姆雷特认为这复仇不只是他个人的问题，自己有重正乾坤，挽狂澜于既倒的责任。他考虑到问题的各个方面，怕泄露心事，怕鬼魂是假的，怕落入坏人的圈套……他心烦意乱，忧郁不欢，只好装疯卖傻。后来，他叔父怀疑他已得知隐情，便派人到处侦察他的行动和心事，甚至还利用了他的两个老同学和他的情人。

哈姆雷特趁戏班子进宫演出的机会，改编一出阴谋杀兄的旧戏《贡扎古之死》让戏班子演出，以此试探叔父。那出戏讲的是发生在维也纳的一件谋杀公爵的案件。开头便是公爵贡扎古和他妻子白普蒂丝姐的谈话，妻子再三向丈夫表白她至死不渝的爱，说假如贡扎古先死了，她决不会再嫁；还说除了那些谋杀亲夫的毒妇，没有哪个女人会再嫁的。哈姆雷特发现国王和王后听到这段话时脸色顿时就变了。当剧情发展到琉西安纳斯把毒药灌进在花园里熟睡的贡扎古的耳朵里时，叔父做贼心虚，坐立不安，仓皇退席。这样，哈姆雷特证明了叔父的罪行属实。

叔父预感隐私可能已被发觉。宫内大臣、雷欧提斯和情人奥菲利娅的父亲波洛涅斯献计，让母后叫王子到私房谈话，自己躲在帷幕后偷听。王子发现幕后有人，以为是叔父，便一剑把他刺死。正当哈姆雷特责备王后时，他父亲的鬼魂出现了，提醒哈姆雷特不要忘记替他报仇的诺言。鬼魂走后，哈姆雷特恳求王后对上帝承认过去的罪孽，离开国王，王后答应照他说的去做。

波洛涅斯的死给了克劳狄斯对付哈姆雷特的借口。按照国王的本意是要把哈姆雷特杀死，但又怕拥戴哈姆雷特的百姓不答应，况且也怕毕竟是爱儿子的王后的阻挠，狡诈的克劳狄斯要哈姆雷特由两个大臣陪同坐船到英国去，以避免所谓的处分。当时的英国是向北欧强国丹麦纳贡的属国，所以克劳狄斯给英国朝廷写了封信，编造了一些理由，要他们把哈姆雷特处死，但被哈姆雷特察觉，半路上掉换了密信，反而叫英国国王杀掉两个密使。不久，他们的船受到海盗的袭击，哈姆雷特勇敢地拿着剑杀上了敌人的船，被海盗俘虏。但海盗把他放了，希望王子在朝中替他们说些好话。

哈姆雷特回来后知道情人奥菲利娅因父死、爱人远离而发疯落水溺死。波洛涅斯的儿子雷欧提斯得知一切，从法国归来为父报仇。奸王利用这个机会，挑拨、怂恿雷欧提斯用毒剑与哈姆雷特比试，并秘密备下毒酒以置哈姆雷特于死地。双方交战时，哈姆雷特对阵受伤，却在无意中与雷欧提斯调换了利剑，刺中了雷欧提斯。王后看到儿子剑法如此高超，举杯祝贺，结果饮毒酒暴死。这时，雷欧提斯知道自己即将亡命，因而招认了国王布置的奸计。哈姆雷特顿时悲愤至极，随即用毒剑刺死了奸王，自己也在这场尖锐复杂的斗争中与敌同归于尽。王子临终嘱托好友霍拉旭把他的行事始末缘由昭告世人，并嘱咐让有雷厉风行性格的福丁布拉斯继立为王。

【精段欣赏】

哈姆雷特：生存还是毁灭，这是一个值得考虑的问题；默然忍受命运的暴虐的毒箭，或是挺身反抗人世的无涯的苦难，通过斗争把它们扫清，这两种行为，哪一种更高贵？死了，睡着了，什么都完了；要是在这一种睡眠之中，我们心头的创痛，以及其他无数血肉之躯所不能避免的打击，都可以从此消失，那正是我们求之不得的结局。死了，睡着了，睡着了也许还会做梦。嗯，阻碍就在这儿：因为当我们摆脱了这一具朽腐的皮囊以后，在那死的睡眠里，究竟将要做些什么梦，那不能不使我们踌躇顾虑。人们甘心久困于患难之中，也就是为了这个缘故；谁愿意忍受人世的鞭挞和讥嘲、压迫者的凌辱、傲慢者的冷眼、被轻蔑的爱情的惨痛、法律的迁延、官吏的横暴和费尽辛勤所换来的小人的鄙视，要是他只要用一柄小小的刀子，就可以清算他自己的一生？谁愿意负着这样的重担，在烦劳的生命的压迫下呻吟流汗，倘不是因为惧怕不可知的死后，惧怕那从来不曾有一个旅人回来过的神秘之国，是它迷惑了我们的意志，使我们宁愿忍受目前的磨折，不敢向我们所不知道的痛苦飞去？这样，重重的顾虑使我们全变成了懦夫，决心的赤热的光彩，被审慎的思维盖上了一层灰色，伟大的事业在这一种考虑之下，也会逆流而退，失去了行动的意义。

【赏析】

第三幕是剧情发展的关键，这幕戏波澜起伏，跌宕有致，生动地展现了王子哈姆雷特从装疯、试探、训母、杀相，进而遭至流放的曲折过程。它既充分体现出莎士比亚戏剧情节的生动性和丰富性，又能细致入微地表现出哈姆雷特深谋远虑，洞察现实，善于思考，勇于斗争的性格特征。

这个片段是《哈姆雷特》中最著名的独白，也是所有莎翁戏剧中最著名的一段独白。它脍炙人口，深刻表现了人文主义者哈姆雷特在进行个人复仇和探索社会变革过程中的心路历程，本身就是一首富于揭露性和哲理性的好诗，同时也是一把把握主人公性格的钥匙。

莎士比亚是世界公认的语言大师，擅长运用长篇内心独白来揭示人物复杂而隐秘的内心世界。这段感情灼热、忧郁彷徨的长篇独白，淋漓酣畅、气势磅礴，句式灵活自由，运用了比喻、排比、对比、反复、设问和反问等多种修辞手法，使整段独白表现出一种崇高和悲怆的气氛。

一节失败的语文课

教育局督导组到校要进行督导工作，其中一项是听课，听年轻老师的课，听业务骨干的课。这天我临时得知，我被督导的专家们抽中了。接到通知，谈不上惶恐，毕竟从教15年了，心理素质还是过硬的，只是欠缺了一点课件的准备。本来这节语文课安排的是常规教学，没有使用多媒体设备，不知道怎么想的，利用课间十分钟匆匆做了只有十页的简单至极的PPT。

我任教高一年级语文，正好必修一艾青的《大堰河我的保姆》是我上课的内容，这节课我有意地关注了语文工具性和人文性的结合。至少我在进行一种尝试。我认为在新课改的背景下，我们应该勇于尝试。

本节课的教学重点在于感受大堰河对作者浓浓的爱，感受大堰河的形象。于是我大刀阔斧对教学资源进行了整合，对文本进行了取舍。教学思路就是通过体会诗歌语言来感受诗歌传达出来的爱。

在简单地处理了作者和背景后，学生进入到诵读诗歌的环节，学生诵读时，我思忖着，下一步要在设置问题中完成教学，学生读完后我提出的第一个问题是：人们都说大堰河是个慈爱的、勤劳的、善良的母亲，你同意吗？如何证明？

学生很容易回答了问题，也找到了相应的依据。在接下来，我从诗歌的艺术手法对作品进行了分析。好不容易，下课铃声响起了。我也如释重负，同时我也感觉到今天这节课，很失败。

下午评课环节中，不出所料，这节课并没有得到专家们的认可，专家们提出了上课的思路比较混乱，设置的问题缺乏深度……一语中的，一针见血，我如坐针毡。

对于自己的反思我不断地剖析自己的问题，整节课，我想让学生收获什么？这首诗歌教学重点是什么？我的教学方法有没有做细致的调整……对自己连问了好几个问题。作为一个有这么多年教学经验的老师，连这些最基本的教学任务都没有达成，的确是很失败。

语文必修教材里的课文，从高一到高三不到百篇，15 年的时间，每一篇都有足够的时间把它打造成为精品课，之后保留雏形，不断地加工、修改，这是个长期坚持的工程，每节课的教学资源 PPT，配套的诵读，电子媒体的辅助教学手段，也在不断地调整和修改，教学质量也就在不知不觉中提升了。

临时抱佛脚地做几张 PPT 就为了让自己上课时有点展示 PPT 手段，实在是大可不必。

在提倡素质教育的今天，各级各地都大力提倡学科教育与信息技术教育的整合，这也是大势所趋。在这种背景下，一些教师就错误地理解了这句话的含义。认为使用课件、多媒体进行教学，充分利用互联网资源就是学科教育与信息技术教育的整合。只要是参加各种示范课，就一定使用课件，而且是一丝不苟地按照课件讲课，没有板书，没有自己更合理的设计（本人就是其中之一）。在教学中过分地依赖现代教学手段而忽略了传统教学手段是没有上好这节课的根本原因。我反思本课不足之处有四点。

第一，时间安排不合理，由于课堂内容设置的不合理，匆匆完成课堂教学内容。个别教学环节时间安排得不够，造成了课堂教学节奏欠稳定的现象。如学生对本诗的写作背景知之甚少，课堂上对我准备的课件上的内容因过于简单，所以解读时也匆匆结束，没有深入。

第二，吟咏不足，诗味趋淡。诗歌需要反复吟咏方能读出诗味。由于学生对诗人的身世及写作背景了解得较少，因此诵读诗歌的部分也只是完成部分章节，没有做出诵读指导。

第三，没有把学生的积极性调动起来，学生学得被动。在上课之始，没有注重激发学生的学习兴趣，就急急忙忙进入到学习过程中了。就像打仗，士气没有起来，士兵怎能英勇杀敌呢？同样的道理，学生的情绪不高，怎能主动、积极地投入到学习中呢？俗话说，好的开头是成功的一半。我在开头之时就已失败了。此外，在教学过程中，教师自己的语言没有激情，没有感召力，也不能激发学生的学习兴趣。所以整节课学生积极性不高，思维不活跃，课堂气氛沉闷。

第四，教学环节不够精致，细节的预设不够细致。在初读厘清顺序之后，我就抛出来一个没有争议性的问题“人们都说大堰河是个慈爱的，勤劳的，善良的母亲，你同意吗？如何证明？”学生自学之后，问题过于简单，不用过多思考就可立即回答，让我难以评价。我以前也教过这篇课文，语言浅显易懂，感情浓厚，但由于写作的时代背景较为久远，因此，学生不能很好地理解里面的情感。

这节失败的语文课，始终提醒着我，简明高效的教学方法，学生参与的积极性，课堂节奏的把握，“循序渐进，熟读而精思”的理念等都是一节成功的语文课必备的。只有把传统的教学手段和现代的教学手段结合起来，优势互补，才能有良好的教学效果。同时，语文教师还要不断丰富自己的知识储备，加强语文基本功的训练，提高自己的语文素养和道德素质，做到“学而不厌，诲人不倦”。

自身的基本功，新课标理念，驾驭课堂、驾驭教材的能力，突破重、难点的策略的应用等方面，都值得我去认真学习，认真实践，认真积累。在教学过程中，特别是出现了预设之外的情况，我不能及时、准确地捕捉到有效的教学资源，不能灵活地调整自己的教学程序，不能根据自己的教学目标，灵活地选择教学策略等，有时显得束手无策，不能应对自如。

语文教育并不是单纯的工具性教育，在这节课中没有体现和没有做到的，我要一个一个捡回来。

第五章 语文教师的班级管理

班主任是教育教学中的重要角色，班主任的基本任务是：按照德、智、体、美全面发展的要求，开展班级工作，全面教育、管理、指导学生，使他们成为有理想、有道德、有文化、有纪律、身心健康的公民。

小事情，大反应
——班主任德育管理案例反思

经历过一次次心灵的历程，回顾往昔，与学生相处的故事就像点点繁星萦绕在我记忆的夜空，闪闪发亮，星星虽小，但我也能准确地分辨出它出现的位置，我也能深深地感受到它曾经带给我的微光。

2007 年 8 月是我第一次担任班主任工作，第一次总有许多不尽如人意的地方。在管理班级的时候，发生过太多太多故事，其中有一件是使我印象深刻且对我教师的生涯可以说有着非常重大的影响。

我记得那时所带的班级是高一（10）班，当时班里的学生许多来自条件比较好的家庭，天真、活泼，但也有青春的逆反和不受拘束。

当时的我，刚大学毕业不久，同样年轻气盛，空有一腔“教育热情”，总认为，我是老师了，还是班主任，就凭我这身份，就可以把学生收拾得服服帖帖，乖乖听话。学生也会畏惧我，服从我。有一天走在操场上，我听见一个声音：何梅，何梅，快过来。我一转头，发现是我班的学生肖异灵，我心想，居然敢直呼我的名字，简直是无法无天了，我是班主任，应该是你们最尊重的人，必须得给点颜色看看。我怒气冲冲地走到她面前，一把揪住了她的领口，恶狠狠地对她说：你有本事再叫一次我的名字。学生见状，估计没想过我会这么大的反应，吓得说不出话。我看她那模样已经是被我的“霸气”震慑住了，就收手转身走了。第二天上课时我就看见肖异灵有气无力地趴在桌上，也不好好听课了。我觉得可能和我的前一天的“震慑”有关系，心里忽然很不是滋味。

看着学生厌学的样子，我忽然感觉到怎么和我想的不一样了，我没有逃避，也没有想就此了之，我还是想让她变回之前那个开朗快乐的样子。下课我让她到我办公室，就问了她：“你怎么上课的时候不好好听课，是不是因为昨天我凶了你？”我话音刚落，只见她眼泪刷一下，直接从眼眶里滚了出来，我知道，自己说中了。“对不起，我昨天太凶了，因为你当着好些学生叫了我的名字，我觉得很没面子，我觉得你不尊重我。”“不是，才不是呢。”学生说这话的时候情绪有点激动，大哭起来，我安抚了她，让她慢慢说，“我是喜欢你，我觉得你很年轻，我把你当朋友一样才叫你的，我没想到你反应那么大。”原来她是喜欢我的，我静静地思考了一下怎么解决，当时就只有继续道歉。因为除了道歉我想不出什么能做的，我也说不出更多话。学生在我道歉后情绪也平复很多。

事后，我反思自己对待学生的态度总觉得不妥，一开始对自己的身份定位就不对，老师如果是高高在上，让学生不敢亲近，让学生有畏惧感那就算成功？或者换个说法我以前对班主任的理解正好是一个失败的形象定位，只是我不自知。这次的事情发生后，我在当时的日记里记下：学生是很可爱的，班主任对学生的影响太重要了，如果稍不注意自己的一言一行，也许自己一个小小的举动就会对她影响巨大，甚至形成一生的阴影。老师谨言慎行，正确认识教师职业的特殊性，必须真正懂得班主任这个特殊职业的重要性。

俗语说打铁全凭自身硬。班主任的威严也并不是靠对着学生高声怒喝就能成“严师”。

至今我已从教近 16 年，回想初当班主任时的种种，还是觉得惭愧。现在我懂得了，班主任要有威信，让学生可亲可敬，还需要不断地提升自己，以此来树立班主任形象。

班主任与学生的关系有别于上下级之间的行政权力，而更多的是用自身的人格魅力去感染学生，让学生从内心去信服。

人格魅力主要又分为：专业素养、师德修养、气质能力，教师在这几个方面能具有吸引人的力量，才能在学生心目中树立起声誉和威望，它是做好班主任工作的无形资本。

如果班主任能够通过自己的智慧和才干在学生心目中树立起这种权威，那么他在工作中就能起到不令而行的效果，否则学生是很难与他用心合作的。

提升教师的人格魅力可以针对这三个方面进行自我完善。

班主任，首先是教师，而教师是知识的传播者，是智慧的化身。这正是班主任权威产生的前提。韩愈的《师说》中提到，“师者，所以传道受业解惑也”，传道、授业、解惑，历来是老师的职责，试想学生有惑而不愿从师，怕老师解答不了匆匆放弃，那么“惑而不从师，其为惑也，终不解矣”，这样的老师如何使学生信服？面对日新月异，不断发展变化的现今社会，教师已不再是学生获取知识的唯一途径。教学辅导机构、网络学习平台、微课比比皆是，学生学习平台多了，如果教师不提升自身专业素养，那么是不会有发自内心的敬重和信任，班主任如果没有真才实学是很难在学生中树立威信的。班主任务必不断用新知识充实武装自我，尽可能与时俱进，博采众长。因此，班主任自身的专业素养，是班主任提升人格魅力的基本条件。

不断提高师德修养。“学高为师，身正为范”，班主任是各项工作任务的中间者和具体执行者。他的一言一行都对学生起着潜移默化的作用，所谓“上行下效”，班主任的言行都会在学生心目中留下深刻的印记。你是什么样的班主任，你带出的学生就会沾染你的气息，班主任要注意自身的品德修养，努力通过自我的言行举止、为人处事给学生以示范，做学生的榜样。学会控制自己的负面情绪，树立正确的世界观、人生观、价值观，只有三观端正，有一定的师德修养，才能更好地去教育学生。因此，提高思想道德水平，加强师德修养是班主任提升人格魅力的基本要求。

班主任的气质能力是班主任工作中，与学生愉快相处时的重要保障。班主任的气质往往与自身的内在修养，外在表现相关，前面提到的专业素养和师德修养可以算是内在修养，而外在表现主要指班主任的仪容仪表，言语态度。魏书生在《班主任工作漫谈》中提到，对于班主任的着装要求就两点：整洁和符合当地大众的着装特点。我想补充一点：符合自己的职业特征。至于班主任能力就更为复杂，例如控制情绪的能力、观察学生的能力、与学生沟通交际的能力、临场处理事件的应变能力等，都需要细细地琢磨，静静地思考，慢慢地提升。

班主任工作是漫长而艰辛的，我走过了近十六年的班主任岁月，深深地体味到其中的甘甜与快乐，但付出的一切都是值得的。时时回想我记忆中的那些班主任生涯中的“小事件”常常让我有“大反应”“大收获”，我的班主任的道路可以这么总结：路漫漫其修远兮，吾将上下而求索！

你的微光，我来点亮

天上的星忽明忽暗，学生正如星星，有弱有强，你的微光，我来点亮。

当班主任这么多年，遇到无数的学生，不敢说桃李满天下，至少也桃李满校园。每一个学生都有自己的个性，都有自己的特点。

近期，市里推选“新时代好少年”的活动让我很受触动，年级报名快截止那天，班里毫无动静，每个同学都没有问过我关于评选的事。我一开始的想法也只是不想班级有评选先进的“零报表”出现，无论结果如何有人报名总是好的。

我主动找到几个班级前几名的同学做动员。简单聊过后，有位同学答应按要求准备材料了。我心里的感觉是总算有人报名了。一切都那么的巧合。那天正好是这位同学 16 岁的生日，这次上报的经历也许正好是一份“特殊”的生日礼物。在规定时间里，他交来了申报材料。

材料里无数的奖项，太多的荣誉，不曾被人发现。若不是最终的坚持，我真会失去一个了解他的机会。

当时我想，在这个班里还有没有“宝藏”学生让我挖掘，还有没有像这样，被埋没的星星，我迫切地想知道。我制作了一个特殊的表格，找来 7 个班干去调查，结果……

我看到了班级中有：科技创新大赛省级获奖者廖宇奇、朱赞文；全国第六届 CCTV 星途全国大赛金奖李伟豪；国际舞蹈锦标赛冠军的万春霞；全国中小学生绘画书法作品比赛书画类一等奖、第十届贵青杯歌咏比赛一等奖的宋思琪；跆拳道市级比赛冠军吴竺娟；市级足球比赛冠军张昆；还有书法比赛、绘画比赛、全国英语口语比赛等获过奖的好多优秀的同学。

除此之外，我的班里还有获得萨克斯十级、葫芦丝十级、笛子八级、吉他九级等有特殊专长的同学，还有获得国家专利的发明者。

我还做了个统计，这个班的学生曾获得过校级三好生 33 人次，曾获得过优秀学生干部 29 人次，曾获得学科竞赛类奖项 53 人次，曾经获得书画、歌舞、体育类奖项的有 89 人次。

看着学生发给我的那无数的奖状、奖牌、奖杯的照片堆叠，我心里感觉，这件事或许我做对了，我拥有了一个“宝藏”班级。

如果有心，你会发现，你的学生，很美。

因为有心，我才发现，我的学生，很美。

我以看待孤品的心去看待班里的每个孩子，去发现他们身上的美好。这对于孩子的成长是有益的，从中我能看到他们有想要展现自己的特长，表现自己的优秀的一面。从中我看到了他们的特长、才华，他们脸上洋溢着自信的笑容。班上有位叫作宋思琪的同学的奖状非常多，层层叠叠的“堆积如山”，另一位之前挺爱迟到的同学看到后赞不绝口，但是，他也说如果他之前收好奖状也可以有像宋思琪一样多的奖状、奖杯。言语之间有遗憾，也带着一丝小骄傲。

我将学生的这个特殊的统计表整理成书，准备放到班上的书架，大家可以去翻阅，看看自己，看看别人，用过去的成绩激励自己不断前进。

“奖状”只是学生成长的一个记录，奖状代表大家的认同，是种荣誉，对学生来说是种鼓励。同样的，也给其他同学带来一种动力。此次的调查活动带给我的触动很大，原以为我带的班只是一个有爱、听话、活泼的班级，可现在我却发现这个班星光灿烂。传统教学中的老师往往较多地关注优等生，而忽视了一些“问题学生”的教育，使他们成了被遗忘的角落。往往抓着学生的缺点不放，对他们的优点却视而不见。

我的这个班并非别人眼中的“实验班”，学生进校时的分数并不理想，全班 69 人，正式录取的只有 14 名学生，但在我的世界中，从来没有什么特殊对待。虽然我不得不承认上面这种现象的存在，但我想最好的办法就是挖掘、发现每个孩子身上的闪光点。有人曾说“生活并不缺少美，而是缺少发现美”。同样，每一个学生都有他的闪光点，只是我们老师很容易就被他的文化课成绩蒙蔽了双眼。

作为老师，不应该用一个统一的尺度评价所有的孩子，而要关注他们的特点。这次对班里学生的调查，实际上我收获的远远大于我预期想象的，没想到班里担心最有可能因迟到而扣分的同学原来收获过这么多的足球冠军，在我看来平日里柔弱不堪的小女生原来是个跆拳道高手，一个人内在的外化表现是多元的，个体的智能结构是具有差异性的。我们作为老师和班主任一旦忽视了这种差异性，机械地套用一种培养模式，用分数的高低去衡量评价学生，高分即优生，低分则差生。这是不科学，也是不合理的，就会压抑孩子的个性，甚至在孩子的成长道路上投下阴影。

在与家长的交流中，我发现这种思维依然存在，爱踢足球的孩子家长不希望他继续踢球，觉得踢球影响了文化课成绩，但孩子对足球却是深深地迷恋，有着浓厚的兴趣。学校足球赛，就是他带领大家最终赢得冠军。试想，有更多的鼓励，更多的支持，以后万一他走向专业足球运动员的成长之路呢，万一以后足球就是他的事业呢？“可怜天下父母心”，引导，陪伴，沟通，理解也许是最佳方式。但要想把兴趣转变为努力的方向，提高文化成绩是必须的，能助力自己把兴趣朝专业化的目标拉近一步。

一个老师的教学能力就体现在能适时引导各种不同的孩子，根据他们的特点最大限度地发挥他们的潜能，使每一个孩子在自己原有的水平上获得发展。我们必须相信，每个孩子都是一个宝库，只要我们坚持去挖掘，细心去探索，用自己的力量去点亮微光，我们就会发现他们的光彩，帮助他实现自身的价值。

有一句话说得好：“要用放大镜看学生的优点，用望远镜看学生的缺点。”这句话说起来容易，做起来难。关键要看老师从哪个角度看待学生，怎样与学生相处。只有与学生心灵相通，才能更容易发现他们的闪光点。

一个人肯定有闪光点，如果暂时没有被发现，那就要发掘或培养。平时我们只会奖励那些成绩好的学生，这样往往忽视了那些成绩不好的学生。

对于我这个平平无奇的“宝藏”班级，我还将继续探索，万一他们还有我没发现的光芒呢。

有老师看了我做的资料说：没想到你班学生这么优秀，我想说，从接任班主任那一天起，每个班主任都拥有一个“宝藏”班级，只是班主任们都发现了吗？

每一个学生都是多姿多彩的，每个学生都是百花园中的一朵鲜花，都是天上的一颗星。作为教师，要善于触摸孩子的心灵，捕捉他们心灵变化的轨迹，调动他们内在的积极性，去努力挖掘他们的善良本性，发挥他们自我教育的潜能。

从闪光点入手，激发学生的进取心，从而使每个学生都能品尝成功。老师要用多视角的眼光看待充满生机活力和个性化的学生，要多角度全方面地评价学生，多给学生掌声和喝彩，让每一个学生的光芒熠熠闪光。

被“甩飞”的书包

第一年当班主任，发生的故事很多，受到感动的事很多，生气的事也不少。

当初的我确实年轻气盛，刚刚从大学毕业，无论是外在还是内在都还是一个学生，加之我本身就是一个好强叛逆的人，于是和学生就有了不少摩擦。

记得当时我带的高一（10）班，班上有很多同学看上去非常的调皮。我和其中的不少同学发生过摩擦，印象很深的一次是，刚刚学完古诗词，我布置了学生回家去背诵，第二天离下课 5 分钟前进行抽查。我按照之前的计划在课堂上点名让同学背书，当我点到小刚时，他站起来后的表现让我很不满意，站没站样，这让从小在军人老爸的管教认知下的我认为，这就是个懒散松懈需要去军营里好好接受训练的学生。

小刚站起来后眼睛也没有和我对视，不知道是低眉顺眼还是自身的态度不屑，说了一句：不会，没背。我一听，感觉这就是不想好好学习的态度。

“你为什么回家以后不背书，这叫没完成作业，你这是什么学习态度……”

“我不想背。”

“为什么不想背？”

“没有为什么，就是不想。”

之后我再问什么，小刚就再也默不作声，不知道是他不想回答了，还是心有畏惧。我就想他必须接受应有的惩罚。我就让他在座位上站着继续提问别的同学。

这时候他好像就不乐意了。在没有任何征兆的情况下离开了座位，朝教室外面走去，我马上从讲台上下来，准备阻止他，可他坚持要离开教室，不想再继续听课了。于是我就对他说：“如果你走，以后就不要再进教室了”。他就说了一个字：“好。”就坚持离开。当他走到教室门口时，我去座位拿了他的书包，非常生气地扔给了他。拿到书包后的他，转身把书包从 4 楼扔了出去，书包就这样被甩飞了。

书包“飞”了后，学生走了，我站在原地，下课铃声响起了。

回到办公室，我想：学校的大门有专人守卫，也是封闭的，小刚虽然离开了教室，但还是在校园里，我冷静下来后，还是很后怕会出点什么问题。

我给小刚发了条信息：书包我给你捡回来了，回教室吧，我担心你。

然后就忐忑不安地等待回复的信息铃声响起，在办公室坐着焦心地等待了五分钟，一个熟悉的身影走了进来。

“何老师，我回来了。”

“看到信息了？”

“嗯。”

“回来了就好，先回教室吧。”

“好。”

悬着的心，落下了。

事后，我做了反思，这次事件的反思好像就没停止过，尽管已事隔十年之久。

班主任的工作，经验的累积，其实就是一个不断反思的过程，也是一个不断预想突发事件发生如何处理的过程。

十年之后，我在学校承担了班主任管理工作，在带新班主任的时候，我就给年轻的班主任说过这样的话，很多班级管理的突发事件其实可以提前预想好怎么处理，虽然也考验班主任的临场应变能力，但提前预想处理方式总比临场处理要好得多。

曾经发生的学生的这次事件，让我提前做这样的预想，如果再次遇到此类情况，我是不是可以这样处理：抽查时，学生没有回答出题目，让其坐下，继续提问下一个学生。视具体情况，是课下让学生立即到办公室询问具体情况，还是第二天再找到学生。询问情况时，应考虑学生的情绪，换位思考如果我是学生，班主任的问责怎样才能不会引起自己的情绪波动。机械、生硬的“怎么背不出来”“到底是怎么回事，交代的任务怎么就没完成”说法都可以摈弃，如果换一个温柔的方式“是不是遇到了什么问题影响了你？”让学生感觉自己是先被老师关心了，先感受到来自老师的一份温暖和关心，以此打开局面。表达不同，收到的效果也许不同，可能也就不会有后面“飞”起来的书包。

所有的预想都基于对学生满满的爱与关心，此后我又遇到一次情况，学生上课时，始终趴在桌子上，其实我知道他是不想听语文课，我走到他身旁问了一声："是不是身体不舒服，撑不住去医务室看看吧。"学生的反应先是站起来等待来自老师的批评，听到我的话后回答："不用去，我没事。"这之后，学生再没趴下。我不知道学生的内心活动是什么，但是，我仿佛看到了学生一丝丝小小的歉意。

关爱学生是班主任感情的崇高境界，心怀学生，从学生的角度看待问题，处理问题，摈弃之前"严师"的态度，就算明知学生的行为是他们本身惰性和延迟性心理作祟，班主任也可适当"刻意"地进行关爱行为。有情有度，有爱有为，班主任对待学生的感情只有升华到爱的高度，才能对学生的教育行为步入到无私的境界。对于学生的关爱，有时候不单是希望学生能在学习表现上的努力，有时甚至更多时候是希望学生在原有基础上能有所改变，有所进步，有所发展。但是，人生而为人，他本身就是一个集结了更多动物性，思想性，感情性的复杂的综合体，育人工作是一项极为复杂、艰苦的系统工程，十年树木易成林，百年树人难成才。因此班主任的育人工作才充满了无数的挑战，会遇到很多棘手的问题，勤思考，多预想，善反思也许就是做好班主任工作的一个关键。

"精诚所至，金石为开"，班主任需要持之以恒，改变学生的不良行为习惯不是一日可成，不可急躁，否则，极易产生"恨铁不成钢"的态度，会带来很多负面情绪。负面情绪的产生对于日后的班级管理会带来很多不良的影响，换句话说可能就是一个恶性循环，会产生事与愿违的结果。同时，老师一定要真诚，与学生沟通要推心置腹，将心比心，努力达到共鸣的理想教育效果。

给学生在校园中创设一个充满关爱、温情满满的环境，才能更好地发挥学习的主动性，利于形成健全的人格。如果班主任没有热爱学生的真情实感，没有无私奉献的精神，就做不好工作。

班主任管理中的“共情”

共情（Empathy）译作同感、同理心、投情等。“共情沟通”技术是班主任管理工作的一项最基本、最有效的技能。

心理学博士孙炳海就“共情沟通”技术进行了阐述：“共情沟通”是指班主任站在学生的立场思考问题，以同理、一致、真诚、关爱与支持的态度，让学生觉得被了解、重视和关心，以建立起互相信任的师生关系。在此基础上，班主任仍要以倾听、理解、平等、尊重的态度，努力帮助学生尽情表达和宣泄，以达到使学生困惑心理得到最大舒展的目的。让学生学会接纳，勇于面对、承认、分析、驾驭现实，让学生自己“长”出力量。

以上就是知名学者们提到的“共情”。

我理解的“共情”其实没这么多概念性的词汇，是最简单最好理解的“换位思考”，是你的快乐痛苦我能理解，我的喜怒哀乐你有共鸣。

和学生相处的日子渐渐多了，慢慢地，我的“共情”能力似乎越来越强，我想归结到底是有着一腔教育的情怀吧。

随着教育的不断改革和发展，老师和学生的沟通在现代教育中愈发起着举足轻重的作用。学生各异，教师有别，但在教育的世界里，学生老师必须有沟通，在此基础上才能进一步谈教育。

但是，师生的沟通并不是简单的你在讲台上说，我在讲台下听，它是专业的，是门学问，做得好是“沟通”，做得不好就是“代沟”。经常听身边的教师同行说我们班某某某就是不喜欢与人沟通，你问他十句，他不答一句，很是苦恼。

我也曾遇到过这类把我视作空气的学生，比如在2014年带过的一个高三毕业班就有一个，就暂且叫他小默吧。小默并非自我封闭、与世隔绝的学生，据我观察和了解，他和同学是乐于说话的。只是不愿意与家长、老师沟通，犯了错误，就用“一言不发”对抗法，很是让人伤神。

通过观察，我发现他其实没有特别要好的朋友，与周围同学聊天的内容也仅限体育娱乐新闻，我甚至找不到一个同学能打听到他的个人情况。联系家长，家长也支支吾吾，讳莫如深，未曾告知我任何情况。好强的我就想无论如何也得把他“拿下”。

有一晚，我拿着手机试探性地发了条信息：“我是何老师，睡了没。”以为会是无止境的等待，但手机铃声响起，屏幕上出现一行字：“还没，何老师有什么事？”

我很惊喜，自己的消息并没有石沉大海。我心想这是个沟通的好机会，于是继续发问。

“是觉得和我面对面说话很尴尬，还是不喜欢和我说话啊？”

“也没，不知道说啥。”

“那我问问题，你回答，如何？”

“好。”

“感觉是不是有什么事影响了你，情绪不太对？”

“没有。”

然后一切归为沉寂。

其实第一晚，我没问出什么，学生的回答也只是正好遇上，原来当晚是他一个人在家。

后来我的聊天也没停过，一到周末，就要和他聊几句。

终于有一次，我在聊天中提到学习的重要，知识是可以改变命运的，我就是个例子，告诉了他我是单亲家庭，我当时就想好好读书，照顾好我的妈妈……其实就是这么几句简单的话。

没想到他给我回复：“何老师，你是单亲啊？你知道吗，我不想参加高考，我之前无意中听到我父母说等我高考完他们就离婚，所以我不想参加高考。”

一直以来我想要寻找的学生情绪根源找到了，就是因为这个原因。原本已经将这个隐藏很深的秘密，在我提到自己的经历后，终于弄清了。

那晚我和学生聊了很多，就自己以一个怎样的心态面对这个事情，我们谈到很晚。后来找到了父母，给学生做了很多思想工作，最终他顺利参加了高考。

通过共情，学生能感受到自己是被理解、被接纳、被关怀的，从这点看，要建立起良好的关系，就要先迈好第一步。

共情就是将心比心，意识到要从学生的角度和情感出发来思考问题，这是班主任工作境界的一种跃升，是每一个优秀班主任开始成长的起点。

许多班主任都有疑问：为什么费尽心思也不能与学生心对心地沟通？为什么家长老师很努力，可孩子的成绩还是丝毫没有起色？为什么明明自己有实力和经验，却难以在与老师交流中侃侃而谈？归根结底，您可能缺乏的是一种“软实力”——共情力。共情就是将心比心，意识到要从学生的角度和情感来思考问题，是班主任工作境界的一种跃升，是每一个优秀班主任开始成长的起点。

“共情沟通”是师生的双边活动，要使之有效地进行，就要建立起学生对班主任的信任，使师生之间互相理解，人际关系达到和谐。班主任尊重、热爱学生，对学生持肯定、接纳的态度，缓解学生内心的紧张，激发学生主动敞开心扉。这样，学生才能对教师更为尊重和信任。

“共情”要站在他人立场。体验他人的精神状态，不一定同意他人所说的内容，但能体会到他人内心的感受。谈话时，语气要平和，让对方感到被接纳，被理解。即使是最亲密的父母，在特定的环境，也需要彼此独立的空间，当父母在陪伴孩子的时候，创设一个敞开式的独立空间给孩子，你可以关注到孩子，但是不需要面对面地陪伴，因为面对面陪伴有可能给孩子压力，也容易带动影响孩子的情绪。

“共情”要求对学生宽容与尊重。增强学生的自信心，使学生获得愉悦的心理体验。

心理研究发现，婴儿身上就存在某种共情心理，但其共情水平会随着年龄增长而发生退化。这就要求一个优秀的教育者要不断提醒自己，永葆一颗童心。

要提高共情力，班主任首先要做的，还是与自己共情。

与自己共情也叫作自我同理，其实是一种高度的自信，它首先要求你承认、接受自己的不完美。

勇于直面自己缺点的人，才是最自信的人，也是最具成长力的人。同时，也一定更快乐。因为他不会因为有缺点而遮遮掩掩、自卑畏缩，降低对自己的评价；也清醒地认识到自己的缺陷，从而理解环境、学生、学校、领导、同事的不完美，做事时，有了一份“岂可尽如人意，但求无愧于心”的从容。这样的人，亦善于将这种共情力传递给身边的人。这样的班主任，带出来的学生也一定是有共情力的吧。其实，做教师是这样，做人又何尝不是这样？

文学家对于“共情”的描绘是：“共情，它像一缕春风，吹暖每一个人的心房；理解，它像一堆篝火，融化人与人之间的冰雪。”只有“共情”理解，才能磨合师生之间的关系，学生也才会站在教师的立场上，真心支持班主任工作。

班主任具备了“共情”这项基本技能，会让学生从心底真正感受到老师的关爱，从而培育学生健康、积极的心态，完善他们的人格，并使其身心得到全面的发展，最终创造一个和谐的师生氛围。

班主任变成“老江湖”

网上有这么一个段子：晚自习时，突然有一个人影走进来，不声不响把教室里的灯关了，只见班主任指着有亮光的地方叫道：“你，你，你，还有你，把手机全部交到讲台了！”看来斗智斗勇，还是班主任厉害啊！

想到这个标题，自己都觉得有意思，班主任在一年年与学生相处，一届届的总结经验中不断练就自己的一身本领，“老江湖”的称呼名不虚传，谨以此篇纪念那些与学生“斗智斗勇”的日子。

斗智斗勇的学生普遍都认为是“差生”，但如果真要细分，差生是可以分为学习基础薄弱、思想及行为习惯不良、心理承受能力差这几类。而我所“斗”的主要是前三者的综合体，成绩、思想、行为习惯几方面问题比较严重的。

前些年，手机智能化还未完全普及，但基本手游、聊天等还是能满足大众需求，当时学校还没有完全禁止手机入校园，于是手机的危害性慢慢地显现出来。上课很安静，但就有一部分同学是悄悄玩手机，以前上课明着暗着的说话被 QQ 聊天取而代之。规定了上课手机必须关机，在课堂上警告玩手机的同学，找到同学当面质问则会矢口否认，因为没有证据，效果不佳。

于是，我选择在其他学科老师上课时，给班里同学一个个地打电话，登记了没有关机的。下课后，对其进行批评。

魔高一尺，道高一丈。

学生把我拉进黑名单，我再也打不通电话。

虽是道高一丈，但是强中更有强中手。

打电话这招儿不管用之后，我就改为群发短信，设置了对方收到短信后有“已送达”的消息提示，谁能收到信息，就表明他手机未关机，这一局，我赢！

手机事件只是班主任管理中的一件小事，遇到的学生不同，处理的方式方法就随之发生改变。学生都是有个性的个体，学生在学校犯错误在所难免，没有哪个老师可以完全杜绝学生犯错误，优秀的班主任如何通过自己的管理教育，最大程度地减少学生犯错，或是说学生犯了错之后老师的批评方式也能直接体现出他的管理智慧。

批评就更需要智慧。年轻班主任在批评学生时容易出现很多问题，学生不认错，老师不让步，死磕到底的情况我已经见过很多次。

批评是学校教育工作的重要组成部分和重要手段之一，如何用批评的方式教育好学生，对每一位班主任的工作而言都相当重要，资深班主任在批评学生时是有自己的一门谈话艺术的，这也可以说是经验的累积。例如，在上课时，有学生出现了问题，用眼神的“无言的批评”是比较妥当的方法。课堂上若有学生走神、小声讲话，我们一般只要向他投去不满、责备而又带有警示作用的眼光即可。如遇到蛮横无理，出口顶撞的学生，年轻的班主任们最好在课堂上尽量避免冲突，课下将其叫到办公室去解决，一来课堂上如果自己把握不好尺度容易与学生发生更为剧烈的争吵，争吵一旦发生就没有所谓的“教育”。稳住学生的情绪，更为重要的是先稳住自己的情绪，如果处理不好，对于老师自身的形象，以及日后管理班级的自信心都会带来阴影。课下把学生带到办公室，好处在于经过了上课的过程，激烈的情绪会得到些缓和，再者办公室还有别的班主任能助你“一臂之力”。我们在批评时最好“先声夺人”，不断摆事实讲道理直到他认识错误。

曾经遇到一个特别爱迟到的学生，一周几乎天天迟到，让班级的考核分数受到了很大的影响，我特别生气，一个人的行为破坏了集体的荣誉，这是很自私的。我找到学生教育他，学生的态度是：“我现在已经很好了，一个星期才四五次，我以前初中天天迟到。”他还把这当作是件进步了的事，我当时还问他这是要求表扬吗？

旁边的一位老教师听到我们的谈话后对学生说：“同学啊，你看看如果运动会上班上有同学跑 5000 米获得了第一名，班级是加 3 分的，第二名加 2 分，第三名加 1 分，分值都不同，但是获得名次的同学跑的路程是一样的，你们班有同学得第三名为班级赢得了 1 分，这 1 分太辛苦了。”

“你算算你迟到一次班级扣多少分。”

“1 分。”

“你看出来了吧，别人的辛苦付出，你就这样轻而易举地挥霍掉了。”

“那你再说说，运动会上全班努力获得了精神文明奖班级加几分？”

“1 分。”

“开运动会的时候全班都很辛苦吧，可这 1 分也被你挥霍掉了。”

这位老班主任的话始终不紧不慢，很温和，但是却引起了学生的思考。

批评学生真的是门技术活，或者说管理学生真是要有说话的艺术。“老江湖”也非一日成就，需要经历多少风风雨雨啊。

班主任需要注意积累经验，在班级工作的其他方面也需要班主任的智慧。我们肯定会遇到科任课老师和学生起冲突的情况，这时班主任一定要沉住气，冷静地处理好老师和学生的问题，不能偏听偏信，不能一味维护老师的利益，也不能一味护短。一定是先把情况弄清楚，再作打算。

这种“智慧”需要经验的积累，需要不断进行经验总结。对于年轻班主任而言，往往就是在班级管理的过程中缺乏智慧而常常引来不必要的麻烦以致不能很好地完成管理工作。年轻班主任要迅速地成长就必须不断学习，从实践中学习，从老班主任那学习，从不断犯错中学习，从不断反思中学习。学习经验教训，学习智慧成长，这样才能事半功倍。

班级管理中的管理策略多种多样，每位班主任使用的方法和手段都不尽相同，班级管理根据对象的不同，就要使用不同的策略，教师在学生面前多使用“退”的方式，使用过后会有意想不到的效果。在学生面前偶尔示“弱”，会让学生努力向上，在班级中起模范的作用，同时也会影响他的一生。

班主任工作是门专业活，其最终还是要回到教育的初心，即用爱温暖学生。

学校不是企业，学生也不是产品，不能像企业模具化生产产品那样教授学生，应了解并尊重学生的个性发展。

班级是孩子们的第二个家，班主任是学生们的第二家长，也是孩子们的主心骨。在班级管理中，我们要细心观察，勤于动脑，用爱心和智慧关注每一颗心。总之，良好的班级管理是学生全面发展的保证。学校是培养学生健全人格的场所，希望每个班主任都能成为管理班级的“老江湖”。

班级文化助力成就班级的“美”

教育，当培育一个个有趣、有品、有情、活泼的人。我在我的班级文化牌中写过，在我的高一（11）班是这样一个“有情、有义、有你、有我”的班级，我希望我的学生热爱美，崇尚美，因为从中会受益颇多。

对于班级文化这个概念，麻省理工学院教授爱德加·沙因是这样定义的：班级文化是在班级同学相互作用中形成的，为大多数同学所认同，并用来教育同学的一套价值体系（包括共同意识、价值观念、行为规范和准则等）。也就是班级在学习、生活以及日常活动中，努力贯彻并实际体现出来的，一种大家共有的行为，这包括价值观、道德底线、精神追求、生活习俗、思维方式等，即在一个班级的核心价值体系的基础上形成的，具有延续性的共同的认知系统和习惯性的行为方式。这种共同的认知系统和习惯性的行为方式使班级同学彼此之间能够达成共识，形成心理契约。

一、“美”在环境中润物于“无形”

关于教室环境的打造，我始终参与其中，对于高中的学生，杜绝“低幼化”“荒诞派”的教室风格是很有必要的。

教室的打造首先要满足“美”这个基本要求，何以为“美”？

整洁、有序是首要条件，颜色、布置和谐统一是关键；体现班级团结、友爱的元素必不可少。让学生在“美”的环境中找到归属感，在与其他班级的比较中收获自豪感。按照这样的审美标准，我目前所带的班级环境呈现出这样的状态：整个班级以蓝色为主，教室后面的背景墙用蓝色的墙布填满，一分为三：左边是班级光荣榜和文明记录，全是红色边框设计；中间的中心是班徽，外圈用全班同学的照片围成心形，再外一圈是用国旗拼成的一所房屋的形状。右侧是班级荣誉墙，贴满了奖状。班级背景墙前的学生铁皮置物柜上摆满了一排绿色植物。

四周是精心选择的文化标语“每临大事，心必静心，静则神明，豁然冰释”“有志者，自有千方百计；无志者，只敢千难万难”“笔耕书上除勤奋无他，舟行学海有远志领航”。几则文化标语都是蓝色边框。

教室后门旁的空墙，别的班级都贴了好些墙绘，我的班就只选择了浅蓝色的墙纸贴满，挂上了三幅精美的小画框。

班级门口是班级文化牌，我们班干穿着统一的班服，拍了照，临拍前，我叮嘱了一句：衣服前面的国旗记着要露出来。

我有些许强迫症表征，喜欢整整齐齐，干干净净。相处的日子里，学生们越来越强烈地感受到，时间长了，无形中就影响了他们，我走进教室，就会看到大家都会环顾四周检查是否干净整洁，做不了课间操的同学会把班上的书柜整理得整齐有序。

书架很整齐，就连用了一学期的铁簸箕都光亮如新。

一学期，我发现，我们在这样的环境中发生了改变，乱丢乱放乱摆的习惯也慢慢变了。

环境布置比较精致、美观，班级精神文化建设以正面的引导为主，能很好地发扬榜样的宣传作用。

二、班级活动为“美”助力

为增强班级凝聚力，我组织参与了很多丰富多彩的活动。班级活动的开展对于增强班级凝聚力起到的作用是不可估量的，前提是全力、全情的参与，班主任作为活动的领导者表现出来的应该是积极、充满热情的，活动的设计，过程的安排，展示出来的美感需要有提前的构想，活动怎样体现出美感？学生参与的精神状态、整体安排的美感、仪容服饰的形象美是否到位，都至关重要。

以我们高一（11）班参加迎接国庆70周年歌咏比赛的情况为例，选择歌曲时，《天耀中华》是首中国的五声调式和西洋的调式融合的歌曲，旋律简单大气，朗朗上口。但实际上不完全算流行通俗歌曲，因此学生不一定能完全接受，学生选择的曲目要么气势不够，要么过于通俗，想办法让学生接受并喜欢这首歌是最为重要的，我首先利用录音软件演唱了这首歌曲，并且在网上找到了许多学生合唱的优秀作品视频，做足了准备工作。我想学生听到要唱的歌曲是我亲自录制的，一定会比原唱歌手演唱的更有感触，再后来在学生写给我的纸条中看到学生写：听到你唱歌，没想到会那么好听。由此可见，我自己亲自示范是有效果的，通过自己的准备工作，学生接受并喜欢上了这首歌曲，在后续的练习中，我每一次都亲自示范，尽力指导，也认真听取学生的意见，尽管我只是个业余音乐爱好者，但这并不影响我的参与热情。

另一个棘手的问题——服装也让我伤透脑筋，既不能增加学生的经济负担，又要具有美感，符合主题，这确实让我思考了好几天。学生忙于学习，学校也禁止学生在校园使用手机，服装的问题学生自己很难解决，我用课下时间一件一件在网上筛选、寻找、比价，挑出了几件较为合适的，把图片给学生做了挑选，一件物美价廉、学生认可的演出服终于找到了。每一次集体购买统一的服装我都会购买同一式样的，让他们知道我们就是一个集体，密不可分。

同学们在相处中已经通过我的一言一行熟悉了我是个有“仪式感”的班主任，带着仪式感去做平凡的小事，工作和生活都会有所回报。班级文化建设是指学生心理意识、价值观念和文化习性被激发从而对班级目标、准则的认同感和作为班级一员的使命感、自豪感和归属感，进而形成强烈的向心力、凝聚力和群体意识。这种向心力、凝聚力和群体意识又会促使学生在日常学习和生活中时刻清醒地意识到，这是我的班级，我是这个班级的学生。

班级文化是一种隐性的教育力量，表现出一个班级独特的风貌和精神，并且这种班级独特的风貌和精神会不自觉地通过一定的形式影响着学生的行为。它对学生个性的发展具有十分重要的影响，是班级师生共同创造的精神财富，是校园文化的重要组成部分，也是形成班集体凝聚力和良好班风的必备条件。在班级文化建设中体现美，在学生活动中找到美，这个“美”已经远不止外在形式上的，更多的是一种精神的美、拼搏的美、班级和谐发展的美。

浅谈班干部的重要性

班级学生干部的选任是班级管理的重要组成部分，选择什么样的班级干部将对以后的班级管理带来很大的影响。

以前我理解的好班干就一个标准：听话，肯做事，能把我交代的任务完成好。现在不这么认为了，好的班干部如果只是听从老师的话去做事，那么班级任何一个听话的同学都可以担任班干部。

现在我所认为的好班干要符合这样的条件：

1. 有魄力，有工作能力、办事能力，有组织号召力和较强的表达能力。

2. 有上进心、有耐心、认真负责，值得大家信赖，能吃苦耐劳。

3. 有威望，能服众，办事有分寸。严于律己，能以身作则。主动关心帮助别人，有无私奉献精神。

4. 有集体荣誉感，能主动创新。对班级存在的问题，善于思考解决方法。

5. 遇事冷静，头脑清楚，在最短的时间用最好的方法解决突发事件。

6. 与同学相处融洽，稳重，顾全大局。甘愿为同学做好与班主任、任课老师联系的桥梁。

在多年的班主任工作中，我深刻地体会到一个班良好的班风、学风的形成，与班干部良好的素质，和他们的模范、榜样作用密切相关。可以说，一支强有力的班干部队伍，是做好班级工作的基础。因此，对于班主任来说，班委选择是班级建设的重中之重。

作为班主任，要想把一个班级管理好，从一个毫无秩序的班级转变为一个井井有条的班级，确认班干部是第一位。

同样是新接手的班级，同样是一群陌生的学生，我做了十年前和十年后选班干部情况的对比。

十年前，我拿着成绩册从上往下按成绩暂定了班干部，虽说是暂定后面要调整，可后面不管班干部管理班级能力如何都继续留任了，很多时候是为了保护他们的自尊心，担心改任之后他们会失落。以致后面出现了很多班级管理的问题，把我这个班主任累得够呛。

十年后，学生报道第一天我就准备好了提前制作的表格，让学生填写以往的获奖经历，我从获优秀班干部奖较多的同学中选出临时班干部，协助我管理班级。实习期为一个月。一个月后，在班上进行改选和投票，改选的情况还是让人满意的，负责任的班干部都留下了，能被继续推选说明班干工作负责，大家都看在眼里，也都能信服。另外，对落选的班干也要做好心理疏导工作。

实践后发现，班干部的选择对于班主任日后工作的开展会起到很重要的作用，十年后我在班级管理方面明显轻松了不少。

一个严谨、优秀的班委组织，是有能力把一个班级支撑起来，给全班同学一个更广阔的空间去学习和生活，发展自己的特长。每一个班委成员都是班级的顶梁柱，都负责着班级的各个方面。班委的选择关系到以后整个班集体的管理风格和质量，以及班集体的凝聚力。作为班主任，就一定要把班委组织这个机构打造成一个高协调、高效率，服从力和执行力强的高能力人才队伍，让班委组织各个成员发挥其优势，扬长避短，到最适合自己的位置做最适合自己、最有利于班集体的事情，而这一切都需要班主任慧眼识英雄。一旦班委确立，以后就不便作大的变动，因为任何小的调动对班级及其个人都会造成较大的波动。

班干部工作需要激发，需要班主任慢慢引导。班干部也是一群孩子，不能与成人等量齐观，许多工作班主任得花心思去让班干部思考工作的可行性，调动他们工作的积极性。

例如：疫情防控期间班级要填写摸排表，如果我要一个一个让学生填好交给我，我再复制粘贴成总表，很费时也很麻烦，但实际上这并不是高难度的工作，我交给班长，让班长交结果给我，班长发起了在线填表，他汇总后发给了我。我最喜欢听我们班班干对我说的那句话“这事交给我，保证妥妥的”“没事，这事我去弄”，虽说是班主任，忽然觉得自己就像是个有了依靠的孩子。

充分发挥学生在教育管理中的主体作用，换言之，就是要靠班干部来管理好一个班级。班干部选好了之后，还要对他们进行培养。虽然有些同学有某些方面的能力，但很多班里的工作他们还是不懂该怎样开展，不懂得该如何操作，这就需要班主任对他们进行培养了。所以选定并公布了班干部的名单后，就要立刻召开班干部会议，对他们的工作进行分配，明确各人的职责，发放纸质版职责表给他们，并教给他们一些工作的技巧。如劳动委员负责安排教室、清洁区的值日，每日课间要进行卫生检查，做好教室保洁工作。这些还要靠班干部自己去实践，我们只能教给他们方法，并定期召开班干部会议，让他们学会自己总结经验和教训。这样班干部在摸索中不断地成长，经验越来越丰富，管理的艺术就会不断提高。

记得有一次，我要出差参加教师研修，时间比较长将近三周，最放心不下的就是班级这群孩子，刚接手的班级才相处一个半月，我这一走就担心之前的那些班级管理前功尽弃，但又不得不去，这时我就想到了要依靠班干部的力量。

临走前一天，我请班干部们吃了顿简单的晚餐，吃饭时把我的担心表达了，班干们都齐声说让我放心出差，班里有他们。我心里仍然比较忐忑，出差的每一天都询问代班主任班级情况，一切很好。

出差回来，我看到班里多了张运动会的“精神文明奖”，我想这奖状有一半是班干部付出得到的。

此外，我觉得有些班干部刚开始还没有发挥到他们真正的作用，我就要引导他们，把他们的潜能挖掘出来，并充分地利用好。如我班的宣传委员，选拔了之后安排他负责宣传工作，但平时没有什么具体的工作可做。我知道他很会画画，组织能力也较强。于是在开学初交给了他一个设计班徽的任务。这下他有了用武之地，从构思到设计，再到做班级调查，每一步都很用心。最后完稿还设计了不同的几个色调在班里做投票。其实每个人的身上都有潜能，只是我们要善于发现并挖掘出来充分利用，对班干部尤其如此。

记得有一句经典的话：如果你握紧双手，抓住的仅仅是空气；而你张开手掌，触摸的是整个世界。其实，教育学生又何尝不是如此？ 很多时候，我们当老师的多数提倡狠抓严管，要学生惧怕老师，要学生的一举一动均在自己的视线之内。于是，为了掌控班级情况，就有了私下打探学生情况的做法，甚至不惜培养“告密者”、安插“小特务”。彼此的不信任，导致师生关系的疏远。从而导致班级更难管理，学生会认为班主任专制，因此个别有个性的学生会故意与班主任对着干，反而不利于良好班风与学风的建设。

一个好的班主任要重视班干部的培养，还要善于培养班干部，让学生来管理学生，把我们班主任从烦琐的工作中解放出来，不必事事躬亲，这样我们管理班级才不会太吃力，就可以把更多的时间和精力放在教学的钻研上。

记忆犹新的两次特殊的经历

最初踏上教育的这条路，我的老师就对我说过，最好的育人方式就是“震撼人的灵魂”。

时间长了，我对老师的话也有了自己的感悟。教育的“震撼”之余，师生都收获了温暖，这温暖其实就是身为人师的幸福感。

如果问我如何做一个幸福的班主任，我曾听到过有位班主任这么说，他说，教育的本质意味着：一棵树动摇另一棵树，一朵云动摇另一朵云，一个灵魂唤醒另一个灵魂。

这唤醒是双方的，而不是单方面的。

“因为成长，所以幸福”。一座城池，半城风雨，半城晴。我与孩子们的成长故事，收获的那些温暖，实际对我的人生也有新的解读，教育的力量岂止是学生有收获呢？

温暖我的回忆一：那年学校分给我一个文科普通班，这个班里的孩子在别人眼中是最淘气最不好管理的，带着几分忐忑我接手了，乍一看，学生们的仪容仪表首先就不过关，生活学习习惯也不过关。很多同学总喜欢在上课的时候做自己想干的事情——只要是和学习无关的，都是他们在上课时喜欢做的。卫生习惯也很糟糕。同学们把早餐带进教室，吃完以后随地乱扔，甚至有些同学还朝窗外扔出去，窗外正好是一个平台，看着平台外面的垃圾越堆越多，我的心里面很是烦躁。我想一切得从生活学习习惯开始纠正他们的这些不良的做法。第一天早读，我走到窗外用手机拍了一下窗外的照片，对他们说，今天我拍到的垃圾是今天之前的，我们就一笔勾销。因为有防护栏围着加之安全性，并没有要求学生清理，反映给学校，由学校安排专人清理。我对学生说以后每天我都会对着照片检查一遍窗外的垃圾是否会增多，请同学不要再乱扔垃圾，如果我发现增多就会密封窗户。以后每天我进班的第一个事就是拿着手机检查，一直坚持。学生也明白我不是说说就算了，垃圾也没有再增多。面对他们的仪容仪表存在的问题，我想这是他们之前养成的习惯。以前的班主任老师可能睁一只眼闭一只眼就过去了，但到我这里就不行，我带着班上的男同学亲自去了理发店，并且会每天带一把橡皮圈给披头发的女同学，每天都重复检查。纪律不好，我没课时就在门外“偷窥”他们上课，一站就是半个小时，这样的状态持续了两周，我心想苦就苦点吧，后面会变好的。

在这样严密的监督管理下，9 月 8 日那天，我按照往常拿好书准备上四楼，忽然冲进一个学生:“何老师，我脚昨天扭了，你扶我上楼进教室吧！”“怎么这么不小心，来，我扶你。”扶起学生，我们便朝四楼的教室走去。学生一米七八的大个，又胖乎乎的，所以特别的费劲。我扶着他一步一步地往上走，我感觉他故意的，把身体往我这边靠，就是想要让我多用力地去扶住他，这给我增加了很多行走的困难。等爬到三楼时，学生突然地的一蹿，就往上跑了。这时候我发现他身轻如燕，没有一点脚扭的痛苦的模样。我正纳闷着，也继续往前走，准备进教室去问个究竟，等我推开教室门进去，才发现我们班变了，桌椅板凳都被拉到了四周，中间用粉红色的气球铺成了一个心形，转身，看到黑板，看到黑板上也用粉红色的小气球拼成了我的姓，一个“何”，这时我站在讲台上，吃惊地看着这一切。全班同学同时起立，对我说，何老师你辛苦了，祝你教师节快乐。只见班长捧着一束花从后面缓缓走上来，给我献了花，鞠了躬，然后把他们精心为我准备的礼物交到了我手里。我站在讲台上，说不出话来，非常的感动。事后我才知道，前一天放学后，班长就叫上班里面很多同学留下来吹气球、布置教室，就为了今天能够给我一个惊喜，提前预祝我教师节快乐。他们说，开学这么久，看到了我为班级的付出很感动，想要给我一份同样的感动。这是我非常幸福的回忆，一个温暖的回忆。

这之后我带了另一个班级是文科实验班，这个班的同学成绩非常优秀，很多老师都感觉带实验班其实很轻松，因为不用去多花心思，放在学生的学习习惯、课堂纪律上，学生总是那么自觉，只要关注他们的学习动态和学习心理就行了。但实验班的老师也有自身的班级管理压力。不同的班有不同的管理模式，老师们也承受着不同的压力。实验班的同学学习习惯好、纪律性强、便于管理。但是又出现了另一个问题，例如我这个班有一个同学成绩很好，但是，家庭经济情况让他变得自尊心很强过于敏感，我发现他的家庭情况是因为冬天看见他穿着一身单薄的衣服，我很想为他提供帮助，找他谈了几次。但是他坚决拒绝一切援助，独守着那份“骨气”，这也许是一种自卑心理在作祟。那时与他谈心我真是小心翼翼，生怕哪句话就伤害了他。班级其他情况主要也是同学的心理方面的问题。我记得那段时间，我做得最多的不是去维持班级秩序和纪律，而是只要一有空闲就投入到无止境的“谈心”中，十足的“知心大姐姐”。我们班的教室因为开裂，被转移到另一个楼层里上课。有一天上课时，忽然有一个同学起身说，“何老师，我流鼻血了”，我赶紧让同学陪他到医务室去止血，我继续上课，突然教室的后门被打开，学生捧着一个生日蛋糕，缓缓地从后面往前走，全班同学起立，我站在讲台上看着这一幕，就像电视剧一般的情节在我面前发生了。当生日蛋糕摆在我面前时，全班同学唱起了生日歌，唱完歌以后，每一个同学都为我说了一句祝福的话。当时和我聊过天的同学起身第一句都是“谢谢您，何老师”，那个家庭贫困的同学除了感谢还说了句希望能有机会和我一起看夕阳，全班同学都笑了。后面我继续和他聊天，慢慢地他接受了学校的资助，最后也成功地考进了大学，我想等他有能力后就能明白当时我让他解读“思源”贫困金的内涵。

如果要问对班主任工作最深的感受是什么？很多班主任都抱怨过，因为烦琐、辛苦，甚至是有点儿烦心，而我最深的感受却是喜悦、幸福、充实与快乐。干行政工作近 5 年，今年又担任了班主任，说实话，我内心是喜悦的，因为与孩子们的相处总是给我太多的惊喜和收获。

当家长说：“老师，你帮我批评一下我家孩子，他就爱玩手机，他最听你的话了”，“幸好遇到了你，是你彻底改变了他”，甚至在假期我都能接到家长的电话让我叫在外玩耍的学生早点回家。当我看到别班学生在我的 QQ 空间的留言“真想转来你们班”，当我们班的学生对别人提起我时露出骄傲的神情的时候，我怎么能不为自己的班主任工作而感到快乐和自豪呢？这时我不由得想起魏书生老师的一句话来：“我总觉得，做教师而不当班主任，那真是失去了增长能力的机会，吃了大亏。”

我很幸运自己是个班主任，我也很珍惜这个机会，努力做一名深受学生爱戴、家长信任、领导放心、社会认可的优秀班主任，做一名让学生敬你、爱你、佩服你的好班主任估计是我不变的目标。

冰心曾经说过：“有了爱，便有了一切，有了爱，才有教育的先机。”作为一名教育工作者，我们不能吝啬我们的爱，我们要把爱传递出去，同时，收获的幸福是翻倍的。

写给我 11 班的孩子们

我的孩子们：

写这些话时，看了看时间是 2020 年 4 月 9 日 19：28 分，翻看日历算了算，从 2019 年 8 月 26 日到此刻，我们已经相处了 228 天，其实不长，我还清楚地记得班级文化牌上的那句话：70 颗跳动的心脏共同围成 11 班这个温暖的家，这个家有情、有义，有你、有我，我们相互关心，共同进步。

我们这个温暖的集体，一起在烈日下走过最整齐的步伐，一起在运动会上为班级荣誉发出过最有力的呐喊，一起在国庆 70 周年为祖国放声高歌，一起在小饭馆吃过最有爱的午餐，一起在操场上挥洒过最炽热的汗水，一起去禁毒教育基地接受最震撼人心的安全教育，太多的一起，一起……我们共同为班级建设付出，共同为班级荣誉努力。

我是你们的班主任，你们口中的老班，你们的何总，你们的小何，而你们是我的学生，我的孩子，也是我的朋友、家人。

我希望你们做一个有理想，有目标的人；做一个善良的，有爱的人；做一个努力的，上进的人；我希望你们是自信的，是勇敢的，是坚强的，是永远阳光，永远快乐的……

朝霞般美好的理想，在向你们召唤。你们是一滴一滴的水，全将活跃在祖国的大海里！

愿你是个风雨无阻的水手，愿你是永远奔腾的千里马。

生活的海洋已铺开金色的路，浪花正分列两旁摇动着欢迎的花束。勇敢地去吧，我的孩子们！前进吧，伴着已吹响的出征的海螺。

愿我的话是一把伞，能为你遮挡征途上的烈日与风雨，愿你们驾驶着信念铸造的航船，到希望的大海去翻涌出雪白的浪花。

爱你们的班主任

2020.4.9

“青春使命，共同战疫”线上主题班会实录

疫情，虽然阻断了学生到学校学习的路，但阻止不了他们学习的热情，学生通过网络按照学校的教学计划在线学习文化知识，我作为班主任还通过网络一次次地召开线上主题班会，因为疫情期间看到国家为了抗击疫情而做出的令人振奋的重大决策，认识了太多太多让人感动的一线抗疫英雄，那一首首抗疫歌曲，一个个抗疫故事让我们每个中国人一次次地流下感恩的泪水。

疫情期间，德育教育不能缺位，作为教育者必须为同学们树立正确的人生观、世界观和价值观，厚植爱国主义精神，培养青年一代的责任和使命担当，按照学校的德育工作的计划，我筹备了这次以“青春使命，共同战疫”为主题的线上主题班会。现将班会整个过程实录做梳理如下。

一、班会前筹备工作实录

1. 在班级群、班干群第一时间发出线上主题班会的通知，鼓励同学们献言献计，设计主题班会的步骤和内容。班干部群的同学主动承担了设计活动的封面图片和设计整个班会流程的任务，大家纷纷参与到线上主题班会设计中。就这样你一言，我一语，我在中间做了相关指导，完成了班会议程。

大家领取了各自的任务去完成，发回给我汇总。班长在分配任务的时候考虑到了每个同学的具体情况，每个同学都信心满满地想要在这特殊的时期表达心中对抗疫英雄的崇敬，对国家的热爱，干劲十足。

2. 班会开始前的纪律要求。做任何班级活动都需要纪律保障，之所以提出纪律要求是因为召开班会的方式太特殊，如果大家不认真参与班会，我很难管控监督，因此提出了纪律要求，尊重付出努力的同学，同时才能认真关注班会的整个过程，达成召开班会的德育教育目标。

3. 经过 28 个同学的多方努力配合，我们的线上主题班会初具雏形，分为两个环节：录播环节、直播环节。群里播放同学们提前录好的班会视频，看完视频之后，大家在群里打卡，进入直播室互动交流。

开会前的状态：同学们明确了纪律，知道了班会的整个流程安排，提前半小时下载好班级的班会录制视频。

二、线上主题班会过程实录

主题班会时间：2020 年 3 月 23 日

主题班会人员：高一（11）全体人员

主题班会主持人：班长万春霞、语文课代表游扬盛

班会开始：视频伴随着班级合照的背景图片开始倒计时10、9……3、2、1，go！

在激动的倒数计时后，主持人登场。

主持人万春霞：亲爱的11班同学们，今天是3月23日，星期一，2020年的今天我们本应该像以往那样举行班会，但却因一场突如其来的疫情让我们以此方式举行。

主持人游扬盛：不过没关系，青春使命，让我们共同战疫，都放假这么久了，同学们在这段时间到底是怎么度过的呢？那么，让我们先看一下视频，在疫情期间我们到底应该怎么做。

大家观看的这个视频很特别，和以往看到的防疫视频不太一样，画风很特别，语言特别，内容也很特别。给同学们普及了新冠病毒的预防常识和《传染病防治法》的相关内容。

主持人万春霞：通过视频，我们了解到防控疫情的相关措施，大家一定要遵守《传染病防治法》，下面有请学习委员为我们谈谈在疫情期间他们自己的措施和心得。请学习委员肖俊杰、刘艳发表感言。

学习委员肖俊杰：同学们，疫情期间，我们要不出门不聚会，减少传染的机会，要科学正确地认识疫情，不信谣不传谣，我相信不久的将来我们将恢复热闹与美好。没有禁锢的城，再艰难，爱永远不会离开，让我们一起为武汉加油，为中国加油。

学习委员刘艳：疫情期间不到人群多的地方，尽量不外出，不戴口罩不出门，勤洗手，多消毒，无论疫情如何发展，我们都要以良好的心态去面对，我相信这次疫情的情况，一定会越来越乐观，人民、国家也会越来越好。没有一个冬天不能逾越，没有一个春天不会到来。

主持人游扬盛：我们每个人都应该做好个人防护，在疫情期间，大家一定都看到或听到过一些感恩的故事，那么接下来我们就有请汪煜铜、詹广乐分享一下他们认为最感人的故事。

汪煜桐：在网上有这样一幅照片，被我们大量的转发，一位医生推着他的患者在去检查的路上，停留在夕阳西下的美景中。我想这位医生之所以让患者欣赏这夕阳，是因为阳光可以给人带来温暖，给人带来希望。在这里，我想对患者说，请别放弃，即使有一天，阳光虽未升起，但你身旁的医护战士，却是人间最温暖的阳光。

詹广乐：前几天在网上，有一段关于支援湖北的各地医护人员在完成任务后返回的视频，视频标题是：欢迎最可爱的人就该用最高礼遇。在当初疫情最严重的时候，他们毫不犹豫地从各地赶往湖北，参加了这场没有硝烟的战争，正如中国那句古话：一方有难，八方支援，这体现了我们中华民族强大的民族凝聚力，我感到非常的骄傲和自豪。

主持人万春霞：在这场疫情中，有太多可歌可泣的事情发生，有太多英勇无畏的英雄涌现，让我们致敬这些美丽的逆行者，下面给大家播放一段视频，题目就叫作《致敬，最美丽的逆行者》，希望我们同学能通过视频了解这些勇敢的人，这些美丽的人。

（这段视频真实地反映了英雄们的心声，很多同学看到这段不禁泪湿眼眶。）

医护工作者，其实也是普通人，抗疫英雄其实也在我们的身边，我们班的学生家长也有许多在抗疫一线工作，同学们也在这里表达了对父母的敬意，并向抗疫工作者致敬。同学们纷纷出镜，为自己的父母，向身边的一线抗疫战士致敬，由衷的感谢他们！

游扬盛的爸爸是警察……

张垚的妈妈是村委会的主任……

叶祖圣的爸爸在居委会工作……

姜文清的妈妈是医务工作者……

主持人游扬盛：看完逆行者的视频，看到抗疫英雄其实就在身边，由衷地敬佩他们，感谢他们，下面由李伟豪、娄大鲲同学为这群最美的抗疫英雄献歌一首——《逆风前行》。

音乐缓缓地响起，两位同学的歌声非常的动听、深情。在歌曲中伴随着视频《致敬30后到00后的抗疫战士》《为抗击疫情出力的十个职业》《中国人的守护星》，班会接近高潮，很多同学在班级群中留言：眼泪止不住地流。

主持人万春霞：听完歌曲，还没平复激动的心情，现在我们有请11班同学“为中国加油，为武汉加油，为二中加油，为11班加油！”

陆燚、罗蜜、穆小溪、吴竺娟、黄雪莉、王茜茜、何宇欣代表11班的同学纷纷亮相，为中国加油。

主持人游扬盛：班会最后有请我们的班主任何老师给大家说几句话，她也是这次抗疫一线的工作人员，被学校选派参与了社区值守。

班主任登场，视频拍摄地点选择在本班教室。

班主任：嗨，同学们大家好，大家看一下这是什么地方？对，这就是我们的教室，大家好久没有回来了，给大家看一下。这个假期非常特殊，虽然我们不能深入到抗疫第一线，但是我们也在家中努力学习，希望大家能够通过自己的学习，掌握科学知识，能够在祖国需要时报效祖国。加油中国，加油二中，加油 11 班。希望疫情赶紧结束，大家能够早日回到我身边，希望你们能早日归来。

看到熟悉的教室，听到老师的声音，很多同学说想念学校了，想回教室上课了……

班会最后一个环节，大家在看完班会视频后，就会进入直播间，和班主任一起交流感想。

大家纷纷表示，敬佩那些抗疫英雄，《致敬逆行者》的视频让他们落泪了，纷纷在直播间中留言：哪有什么岁月静好，只是有人替你负重前行。之前国庆 70 周年，比赛曲目我们班选择了《天耀中华》，在直播间中，同学们也纷纷唱起了这首歌，在交流时用歌词表达着自己的心声：天耀中华，天耀中华，风雨压不垮，苦难中开花！

今天的班会很成功，很感人，很激励人，纷纷留言，加油，加油，加油！

三、班会后的感想

这次班会课能圆满的结束，我觉得离不开这次疫情所有抗疫人员的付出，因为强烈的爱国精神让人震撼，这次班会也可以说是提供了一个平台让同学们的爱国之情有了表达之处，再者对于班会的纪律要求保障了活动的顺利进行。班上很多同学让我很感动，例如：

李伟豪、娄大鲲演唱《逆风前行》时，其实有个小插曲：临时学的歌，真是现学现唱啊，搭配着抗疫的画面，英雄的画面，习主席在国庆阅兵时的画面，真的让人动容，尤其是习主席说“中国人民万岁，中国共产党万岁”时，再一次让同学们掉下了眼泪。

叶祖圣制作班会视频开头特效，并且一次又一次地修改班会封面，并对所有同学的视频反复多次进行录制。

当我感谢他们的付出时，他们都说这根本不算什么，比起抗疫英雄们他们什么也没做，他们很高兴能通过这样的活动表达自己的激动心情，我想，这也许就是一种收获。

我校历来高度重视学生德育工作，力争做到疫情期间德育工作“不缺位”。随着一系列线上德育工作的开展，同学们更深入学习了防控新冠肺炎的有关知识，自觉遵守国家的防疫措施。

德育工作更深远的意义在于使学生更深刻地感受到，在这场战役中，我们中华民族所展现出的万众一心、众志成城的民族精神，激发学生的爱国热情。同学们纷纷表示要向抗疫英雄学习，树立远大理想，不负韶华，刻苦学习，服务人民，报效祖国。

班主任工作，一切为“美”而生

说到班主任的影响，我高中的班主任胡晓红老师对我的影响最大。如今我也成为了一名班主任，老师的影响始终没停止过。

在别人的眼中，胡老师是位知性、优雅、有品位、有爱、有生活情趣的人，事实也的确如此。每每交谈总能收获颇丰。

可能是因为共同的班级管理理念，让我找到了“知音”。我也从她口中了解到杭州有一位很有名的班主任郑英老师，郑老师提出了一个很新颖的观点：教育，是向美而生的事业，是要让孩子们从你身上感受到“美”。

我们不谋而合。

美好的事物，总是让人心生向往，班主任的工作的确都是为“美”而生的。

一、班主任的“美”

“首先自己心灵、举止、对生活的追求都要美，孩子们才能拒绝丑的事物，越来越上进”。

那怎样追求美呢？首先要仪容干净，把自己打理的得体、有品位。我们都看过网上的很多类似造型师打造流浪汉的视频，造型前后，状态完全不一样。让自己整洁、大方应是班主任最基本的要求。

一个真正美的老师，无论对待工作还是生活，都是认真虔诚的，把每一天过成典藏版。工作和生活本身，就是诗和远方。不必去远眺触不可及的远方，有一颗爱美的心，美就在身旁。看到小花，随手一拍；看到鸟鸣，闭眼倾听；风吹过，用心感受；雨飘下，用手拂落。

境界不同，生活态度不同，我们总是说世界那么大，我想去看看。其实我们日常的工作就是我们的诗和远方。

单有美好的外表其实还远远不够，学识、心智都要不断修炼，才能成长为一名优秀的班主任。专业上不断钻研，探索创新，与时俱进；心智上不断磨炼、总结反思，不断成熟。一步一步“三省吾身”，我相信老师的人格魅力将会有很大的提升。

看过一篇关于郑英老师的报道，有这么一段话：“把生活过得生动而精致，这不是矫情，而是深情。”这种深情需要审美力做底子，并用创造力来升华。把每一个寻常日子过得精致，才不会有“当时只道是寻常”的感慨，有的只是“无愧于心”。教师应当有灵气，有内在的生趣和审美的人生态度。我想，成功的班主任案例中有了对自己、对生活的热爱，有了对“美”的追求，对待学生才会耐心温和、爱意满满。

二、班级的“美”

教育，应当培育一个个有趣、有品、有情、活泼的人。

我在我的班级文化牌中写过：我的高一（11）班是这样一个“有情、有义、有你、有我”的班级，我希望我的学生爱美，向美，因为从中会受益颇多。

“美”在环境中润物于“无形”

关于教室环境的打造，我始终参与其中，对于高中的学生，杜绝“低幼化”“荒诞派”的教室风格是很有必要的。

教室的打造首先要满足“美”这个要求，何以为“美”？整洁、有序是首要条件，颜色、布置和谐统一是关键；体现班级团结、有爱的元素必不可少。让学生在“美”的环境中找到归属感，在与其他班级的比较中收获自豪感。按照这样的审美标准，我目前所带的班级环境呈现这样的状态：

在班级文化建设中体现美，在学生活动中找到美，这个“美”已经远不止外在形式上的，更多的是一种精神的美，拼搏的美，班级和谐发展的美。

三、学生的“美”

学校的校训是“敦品励学，笃行尚美”，我想“尚美”之意，即崇尚“美”，是老师要教育学生崇尚美，变成一个“美”的人。

学生的“美”，需要外在和内在都具备美的规范。外在的美是仪表、语言、举止的美，内在的美是思想、品德、心灵的美，这是学生应具有的精神风貌。

穿上校服，束起马尾，整理仪容，神采奕奕，自信的在阳光下欢笑、奔跑。学生笑容是那么的灿烂，眼神里闪耀着青春的光芒，教室里有他们坚定的眼神，绿茵场中展现了矫健的身姿，舞台上留下了自信的身影，这就是一种青春的美，朝气的美。

清晨的第一缕阳光下，学校的操场边，我听到过晨读的声音；夜晚的校园中，昏黄的路灯旁，我也见到过渴求知识的身影，这是学生求知的美。

残疾的张同学在室友的背上跨过了寝室的大门，走过了校园的小路，爬过了教学楼的层层阶梯；运动会上摔倒失利的林宇收到的是全班的鼓励、加油、关心、问候；大家一起为生活困难的廖同学捐款捐物，为了保护他的自尊，这一切都在秘密地进行……我的每个班都上演过太多感人的故事，这是学生互助的美。

“拾金不昧，美德少年”“见义勇为，乐于助人”“尊老敬亲、行为表率”这些文字被印在锦旗中，接过锦旗的同学却说，这是自己本该做的，不想被广而告之，我想，这就是品德之美、心灵之美。

路遇老师，点头问好；看到弱小，全力以助；遇到难题，互相鼓励；取得进步，不骄不躁；严以律己，不断进取；有情有义，有我有你。

学生的“美”是外在求知进取的拼搏之美，是内在人格素养的品德之美，学生的“美”不是天然形成的，是需要在环境中不断蕴育、滋养出来的，而我的责任是让教育能向“美”而生，让我的学生成为“美”的人。

四、一切为“美”而生

2020年初突发疫情，我组织班里同学致敬抗疫英雄，每个人都认真地准备，心怀感恩；组织召开线上主题班会，最后到教室里给我的学生录了视频，希望他们能快快回到我身边。

有同学留言说，想念教室，想念我。我想班主任的工作，为美而生，向美而行，包含着太多的内涵。

学生由衷的想念教室，想念老师，这真是对人师最大的褒奖。教育是向美而生的事业，师生间彼此钦慕，相互成全。

第六章 语文教师的读书笔记

多读书，读好书，书香润泽心灵，读时思，读后悟，读一本好书，可以使心灵充实，使之明辨是非，使人充满了爱和希望。

听风语，听树吟

——读《风与树的歌》有感

当我看到《风与树的歌》的书名时，仿佛听到风儿吹动树叶沙沙作响，叶儿跟着风的节奏轻轻吟唱，令人充满感动，也令人的思绪从书名陷入自己的世界，当风孩子给瞎女孩带来光明，当夕阳之国在我们眼前浮现，一个个爱和感动长留人间……

感动最先来自对书名诗意的解读，最终变成了对书中故事的感动，让我思考了很多，关于生活，关于人生；关于理想，关于现实；关于现在，关于未来……

“春天，村子被温柔的新叶裹住了。”

“温柔的新叶”裹住了村庄，眼前仿佛呈现出村庄嫩嫩的，绿绿的春意与旧旧的，灰灰的屋舍的交融，从这幅图景中，我看了叶的温柔，人的温柔；春的温暖，心的温暖……

要被世界温柔以待，你待世界又以何态？坚守和动摇的，付出与收获的，得到与失去的……在我们的生命中占比如何？坚守着初心，坚守着信念的人是否一如既往的不被外界世俗所动摇，面对世俗的种种诱惑能毅然心如钢铁，拂袖而去？当你在抱怨你所付出的一切并未得到相应的回报，你为流下的汗水与泪水感到不值得时，想过你收获了什么吗？真的要抓在手、看得见的才是真正获得的？也许你收获了无形的，更高层面的，只是你没有去审视自己。努力过的心，面对失败时的勇气，经历过挫折后更强大的自己，不正是你所收获的吗？我们总在得到，也失去过很多，一切都是守恒的，无须叹息你所得到的，应该庆幸你所拥有的，时刻让自己明白，我们是幸福的，我们听过风声，看过叶落，我们知道风吹过树叶时，树叶摇动了，心也震动了……

春天始终如期而至。

迷迷蒙蒙的春风和白色的月光一起吹了进来。万籁寂静，悄无声息，沉淀着白日的种种喧嚣，回味着昨日的万千变化。这一切，被月光一照，四下里呈现出一种淡淡的、不可思议的绿色。静坐其中，想着那只小狐狸，想着那把天空颜色的摇椅，还有那挖着深井的鼹鼠……仿佛自己如同孩子般沉浸在了童话的世界不愿醒来，那是多么纯净的世界，就像风吹过树叶般的简单纯粹……

人生总像跳绳一样，一起一落，不管你是处于春风得意，事业家庭都幸福美满的“起”，还是名落孙山，身陷困境的“落”，最后一切都消失在了夕阳之国。

当风再起时，树在吟歌，仿佛听到风与树的歌唱，看到动物之间的美丽故事，爱和感动长留人间，让人感动……

愿我们永远都像鼹鼠一样，满足感来得那样简单，一次简单的拥有就以为自己拥有了整个世界。为一个梦，一个只有在孩子眼中才会闪闪发光的梦，努力奋斗坚持着。不要忘记了自己的梦。你像所有大人一样，忘记了孩子时的快乐与梦想，孩子时的坚持。变得贪心，变得冷漠，生活变得平淡。有时候会觉得这才只是一个梦，不知道生活是为了什么。有时候还会觉得自己成年的时光里，仿佛失去了什么。

你是否还常常会用手指搭成一扇窗户，以为透过那个用手搭建的窗户就会看到你思念的人。

叶子在窗外，风从整个世界吹来，我们就如同那树上的叶子，等风来，唱出心中的歌……

你是这样的人
——读《周恩来最后600天》有感

很久以前听过一首歌，《你是这样的人》，韩红唱过、刘欢唱过、戴玉强唱过，就连影视当红明星胡歌也唱过。后来，知道这歌是纪录片《百年恩来》的主题曲，虽然我没看过，但我有幸阅读过顾保孜写的《周恩来最后600天》一书，和着这首歌的音乐声，我的心情久久不能平静。

这本传记非常独特，记录了敬爱的周总理在生命最后岁月的点点滴滴，真实，细腻，看着图文、想着总理，各种情感涌上心头。

敬仰之情、悲伤之情、怀念之情油然而生。

说来也怪，后世后代的人提起周恩来总理都是带着崇敬的心情，虽然未曾见过，但那份崇敬却像熊熊大火经久不息。他“为中国崛起而读书”的远大志向点燃了无数青年学子的报国热情，他和邓颖超的坚贞不渝的爱情让无数世间男女羡慕不已，他身上那“鞠躬尽瘁，死而后已”的敬业精神让无数革命者心怀崇敬，见贤思齐。

书中讲道：“周恩来最后600天，只是一个概数，是指周恩来从住院到离世的日子。周恩来的患病时间要从1972年5月算起……”住院后依然每天工作，工作时间之长，旁人难以想象，连健康的人都有些吃不消，书中记载住院后，只有13天工作在12小时之内，其他时间都超过了12小时；其中两个半月，除日常工作外，“他又参加中央会议21次，外事活动54次，其他会谈和谈话57次。”算一算工作的时间，想一想总理的病情，他这是在工作吗？完全是在拼命！一个76岁的老人，风烛残年，面对百废待兴的国家，他像一头老黄牛，忍辱负重，奋力前行。从患病到住院，周恩来经历了两年艰难支撑危局的政治苦旅，从住院到离世，周恩来经历了近600天由生到死的日子。

他的一生波澜跌宕，雄浑壮美。他为中国革命打造了一支威武之师，他在红军长征的危难关头，奠定了毛泽东的领导地位，避免了党的分裂和革命的失败；他齐心协力，团结国民党人和民主党派，在抗日战争的艰苦时期，抗击侵略者维护民族尊严；在“十年浩劫”的非常时期，他保全老干部，保护知识分子，保障国家经济生产的正常运转。面临危难，他从不退让；面临责任，他从不回避；面临屈辱，他从不辩解。

总理逝世时，联合国降半旗致哀，当时百废待兴的中国，国力尚弱，能让联合国作出此举，可见总理的人格魅力足以震撼世界，感动天地。“只见总理去，不见总理归。”成千上万的首都群众伫立在长安街两侧，用泪水与怀念为他送行。

恩格斯在马克思墓前讲话说：“他可能有过许多敌人，但未必有一个私敌。”周总理正是这样的伟人，即便是他的对手国民党人，上至军官下到士兵，也是无人不对他的品行才干大加赞赏、高山仰止。

总理在生命的最后600天，做了大小手术13次，去世的时候体重不足60斤，他把自己的生命全部奉献给了他所挚爱着的国家和人民，他把自己的心血全部浇灌在了他所热爱的大地与山河。“有的人活着，他已经死了；有的人死了，他还活着。”

敬爱的周总理离开我们已有四十三年，人民对总理的怀念、景仰之情却从未消减，而是与日俱增。

耳畔又想起那首歌，“不能不想，不能不问，真心有多重，爱有多深，把所有的生命归还世界，人们在心里呼唤，你是这样的人……”

我读《爱》

原文：

这是真的。

有个村庄的小康之家的女孩子，生得美，有许多人来做媒，但都没有说成。那年她不过十五六岁吧，是春天的晚上，她立在后门口，手扶着桃树。她记得她穿的是一件月白的衫子。对门的年轻人同她见过面，可是从来没有打过招呼的，他走了过来。离得不远，站定了，轻轻地说了一声："哦，你也在这里吗？"她没有说什么，他也没有再说什么，站了一会，各自走开了。

就这样就完了。

后来这女子被亲眷拐子卖到他乡外县去做妾，又几次三番地被转卖，经过无数的惊险的风波，老了的时候她还记得从前那一回事，常常说起，在那春天的晚上，在后门口的桃树下的那个年轻人。

于千万人之中遇见你所遇见的人，于千万年之中，时间的无涯的荒野里，没有早一步，也没有晚一步，刚巧赶上了，那也没有别的话可说，唯有轻轻地问一声："哦，你也在这里吗？"

大学时在现当代文学课上，老师给我们读过这《爱》，至今算下来读过几十遍，以前的《爱》和今天的《爱》内容没变，阅读的心情却变了许多。

这篇散文写于1944年，据说是张爱玲处于热恋之中时写的。以波澜不惊的语气和轻描淡写的笔调，写下了一个浪漫纯美的爱情故事。

开篇便是“这是真的”，记得初次阅读若让我赏析，可能更多的是那些套路一般的话语，诸如“设置悬念，引起读者的阅读兴趣，引起下文”之类的话语。今天在读这几句，让人心头一紧，哦，爱是真的。道出许多对爱摇摆不定，不敢承认的无言心声，爱是真的，张爱玲的爱是真的，我的爱，所有人的爱都是真的，多么宝贵而真实地肯定了爱的存在。

再说那个生得美的女孩，短短的笔墨，侧面的烘托，“许多人来做媒，但都没有说成”。女孩真的美，让人心生爱慕与向往。让我不禁猜想，她是那种真实的肤如凝脂，杏眼弯眉，樱唇皓齿，腰细纤指的美，还是抽象的笑如春风至，愁如秋叶零的美，抑或是不同男性读者中幻化的自己心中那个她，那个爱而不得的“她”。总之，她很美。

十五六岁，情窦初开，在那个空气弥漫花香的春夜里，在那棵结满粉色花朵的桃树旁，身体在月亮般纯白的衫子中散发出微甜的气味，这甜甜的气味吸引他留下了那句：“哦，你也在这里了吗？”静默无言，张爱玲没有再做具体的描写，一切全赖读“爱”的人自己去体味。

或许你读出的是：走近我，在我身旁，和我一起，共嗅桃香。或许他读出是：你在这里了，我也到来了，你缄默无言，我也笑而不语，来到这里，只为静静地看你一眼。

心中有爱的人，最终各自走开。多年后，那个夜晚的风会再次吹进心中，那棵夜晚的桃树也几经花开，树下还会站立着相顾无言的人，他们转身，又走开。

时间是个无涯的荒野，遇到了千千万万的人，这千千万万的人经历过多少次春风沉醉的夜，世间那千千万万棵桃树下站立过的人，有多少心中说过：哦，你也在这里了吗？

爱，抽象得那么让人心醉，什么都没做，什么都还没来得及说，就悄然进入人的心窝，陷入心底，就等待同样温度的风，同样花开的树，同样无言的人将他从心底扯出，让自己看到，爱是真的，只是平日里埋得太深。

“哦，你也在这里了吗？”

“我，一直都在的。”

我，喜欢这样的回答。

语文教师必读的书籍推荐

“一个人精神的发展史，便就是他的阅读史。”

作为一名语文老师，阅读是必不可少的事情。我整理和收集了不同类别的书籍，希望能与所有语文老师共勉。

教育理论类：

《给教师的建议》(苏霍姆林斯基)、《民主主义与教育》(杜威)、《陶行知文集》（陶行知）、《新教育之梦》（朱永新）、《中国古代教育论著选读》（罗佐才编）、《静悄悄的革命》（佐藤学）、《教育美学十讲》（杨斌），《儿童精神哲学》（刘晓东）、《教育论》（斯宾塞）、《教育的经济价值》（舒尔茨）。

国学类：

国学经典要从读“四书五经”开始：《论语》《孟子》《大学》《中庸》《诗经》《书经》《礼记》《易经》《春秋》。

《资自通鉴》(司马光)、《楚辞》(屈原等)、《史记》(司马迁)、《论语集注》(朱熹)、《大学中庸讲演录》(王岳川)、《老子的智慧》（林语堂）、《王阳明心学》（王觉仁）、《六祖坛经讲话》（星云大师）等。

灵性书系：

《前世今生：生命轮回的启示》（魏斯）、《与神对话》（尼尔·唐纳德·沃尔什）、《灵性的觉醒》（艾克哈特·托尔）、《遇见未知的自己》（张德芬）、《情商十五课》（曾莉），“禅”的入门书的《禅的黄金时代》。

文学书系：

中国古典名著：《红楼梦》（曹雪芹）、《三国演义》（罗贯中）、《西游记》（吴承恩）、《水浒传》（施耐庵）、《儒林外史》（吴敬梓）、《世说新语》（刘义庆编）、《古文观止》（吴楚材、吴调侯）。

诗词：李白、杜甫、白居易、李商隐、王维、苏轼、柳永、李清照、纳兰性德、毛泽东等人的作品。

外国文学名著：《基督山伯爵》（大仲马）、《简爱》（夏洛蒂·勃朗特）、《悲惨世界》（雨果）、《追风筝的人》（卡勒德·胡赛尼）、《百年孤独》（马尔克斯）、《变形记》（卡夫卡）、《喧哗与骚动》（福克纳）、《泰戈尔经典诗选》（泰戈尔）。

语文书系：

《叶圣陶语文教育论集》（叶圣陶）、《语感论》（王尚文）、《语文科课程论基础》（王荣生）、《语文：表现与存在》（潘新和）、《名作细读》（孙绍振）。

美学书类：

《人间词话》（王国维）、《诗论》（朱光潜）、《美的历程》（李泽厚）、《美学散步》（宗白华）、《中国美学十五讲》（朱良志）、《美在意象》（叶朗），都堪称美学的上乘之作。

心理类：

《新编心理语言》（桂诗春）、《心理学与生活》（理查德·格里格和菲利普·津巴多）、《说服心理学》（霍根）、《班主任最需要的心理学》（赵国忠编）。

丛书类：

《于漪追求综合效应》《钱梦龙导读的艺术》《宁鸿走“思维训练”之路》《蔡澄清：点找教学法》《欧阳代娜：呼唤“整体改革”》《洪宗礼：语文教育之“链”》《洪镇涛：打开“学习语言”的大门》《张富：“跳摘”教学模式》。

后记

想了很久，自己工作了 15 年，从事班主任工作 13 年，做行政参加班主任的管理、培训工作也近 5 年，班主任管理学生的工作倒也尽心尽力，但对于班主任的管理工作一直没有什么创新之处。主动尝试着给学校提出了在学校的官方网站开辟“班主任德育管理专栏”，交流分享班主任的管班经验，得到了校长们的大力支持，于是我的“春草丹心”班主任德育管理专栏开栏了，我想以此作为我本书的结语，作为对以前工作的小结，也作为我另一段工作的开始。

第一期，　我的卷首语这样写道：

开栏语：

德育工作是学校工作的灵魂，它致力于对学生思想品德和人格素质的培养，建设教育强国是一项系统工程，其中的关键是落实立德树人的根本任务。

班主任是实施德育大纲的直接组织者和领导者，为全面提高我校班主任老师的师德水平、业务素质以及班主任管理质量，学校特开设班主任德育管理专栏，便于分享校内乃至校外名班主任、优秀班主任的先进教育管理经验，进而打造一支师德高尚、素质优良的专业化班主任队伍，实现教师、学生、学校三者和谐发展，从而全面提高学校的管理育人水平。

第一期栏目分享了我的这篇《班主任工作，一切为“美”而生》。

得到了我的恩师胡晓红老师的支持，获得了教育界专家，教育名校校长的一致好评。

贵州省兴义八中的彭贻荣校长给我发来了音频寄语，用他满满的教育情怀解读了“春草丹心”栏目的内涵，彭校长说：育人，先育德、育生、育情、育魂。育德促进学生全面而和谐的发展。知识开启学生的智慧，育德铸就学生的灵魂，真正的名师应该是铸就学生灵魂的恩师，精神的引领、灵魂的塑造，是无形无状的雕塑工程，是春风化雨的微妙艺术。因此，所有教育工作者特别是班主任，更需要进行研究总结、悉心学习借鉴，细心观察思考，耐心引领标准。

班主任德育工作专栏，为大家交流学习和进一步研究，开启了一扇窗子，搭建了一个平台，让大家站在这个平台上，通过这扇窗用心、用情、用德去陪伴冉冉升起的朝阳，这是一件意义重大的举措，这也是一项幸福的事业，以雨露滋润春草，阳光播散丹心，烦琐正显博爱，铸魂人师精进，厚德承载未来。任重而道远，义不容辞，让我们一起努力，让我们一起加油。

另外还要感谢的教育专家是青岛二中的孙先亮校长。怀着忐忑的心情找到青岛二中办公室的潘主任表明了我的心意，原想孙校长是教育专家，工作那么忙会有时间理会我这学校的小小专栏吗？结果让我非常激动也非常感动，孙校长不但爽快地答应了，同时也非常支持我的这个想法，更让我惊喜的是，孙校长给我写的内容，哪里还是什么寄语，就是一篇指导我工作的文章（孙校长的文章附后）。

附：

搭建从优秀走向卓越的发展平台

孙先亮

班主任是学校教育工作中承上启下的角色，一方面在学校教育中是决策者、领导者，另一方面在教育过程中直接链接学生，是执行者和管理者。因此，班主任应当是全才，既要懂管理人，又要懂教育人。班主任的重要性还在于，一个好班主任，就会带出一个好班级，更多的优秀班主任，就是优秀的学校教育和管理。

优秀的班主任应当是多种能力和素养的集合体。学校教育的根本是为了学生的发展，这决定了班主任这个角色的使命担当，只有当一切为了学生发展的时候，班主任的教育价值才能体现得更加充分。因此，好的班主任应当具备四个方面素质：

一是具有现代教育理念。康德说“人是目的”。班主任应当准确而全面地理解素质教育，深度追问“培养什么人”和解决“如何培养人”的问题，以学生综合素质和能力的提高为目标，以全面发展、个性发展和主动发展为基本路径，组织和开展班级的各项工作。正确把握好升学与素质教育的关系，着力构建学生健康、快乐、幸福发展的班级良好环境，实现学生的终身发展。

二是理解并真正尊重学生。尊重学生是教育的前提和基础。教育一切从学生出发，就是依据学生的人格尊严、智能潜质、个性特质、发展需要等方面内在品质，设计教育的内容和方式。个体生命的内在品质必然存在差异，因此，班主任无论如何不能用统一的标准和尺度教育和衡量学生，而是尊重个性并实施有差异的教育，才能让每个学生成为最好的自己。

三是善于引导和激发学生。怀特海指出："学生是有血有肉的人，教育的目的就是引导和激发他们的自我发展之路。"学生的最终发展层次和水平，并非学校和教师给予的。好的教育和教师，最大的特点就是善于对学生的内在潜能和素养加以引导和激发。班主任通过创设班级的生态环境，设计激发学生发展的制度和机制，创造激发学生的实践活动和具有挑战性的机会，让教育真正走进学生的心灵，实现由内而外、由外而内、内外结合的发展激发。

四是具有创新意识和能力。在创新与变革的时代，班级工作要通过不断创新，增强教育对学生的凝聚力和吸引力。班主任工作的创新，应当坚持以学生自我发展和自我教育为基础，以"解放孩子，给孩子以自由"（蒙台梭利）为目的，以个性充分发展为信念，充分信任学生，创造属于学生自己的成长与发展平台。

智者从自己失败的教训中获得经验，上智者从别人失败的教训中获得经验。班主任的能力和素质培养，既需要实践锻造，也需要学习、借鉴与思考。没有哪个人天生就懂得如何做班主任，最好的班主任都是在大量的教育实践中成长和发展起来的，历练能够让人获得经验并形成反思。除此之外，很重要的就是学习和借鉴，既要向具有丰富经验的老师学习，又要开展阅读学习；同时也要开展更多的交流与研讨，不断提高自己思考和创新的能力。学习和交流需要平台支持，何梅老师以自己对于学校发展负责的精神，富有创意地设计这样一个平台，这既是老师交流、分享、互动和发展的平台，又是汲取、借鉴和提升的平台。

人类进入互联网时代，万物互联突破了传统的时空局限，给人与人之间的交流提供了最好的渠道。在汹涌澎湃的互联网技术面前，教育置身事外就会错失良机，为此，既要善于利用其强大的沟通交流、互动及资源聚合功能，颠覆传统的教学原则和流程，迅速提高教学质量和效益，更要充分运用互联网的资源和交互便利条件，让教育变革真正发生，从而为教师和学生发展搭建更加个性和开放的平台，打造一个强大的教育发展空间。疫情期间，互联网技术显示了其强大的教育教学价值，何梅老师迈出的这一步，正是对互联网技术嵌入教育最好的回应，必将触动学校教育的改革和发展。

我认为：一个老师能做好班主任，就能胜任学校管理工作，从这个意义上看，何梅老师可是做了一件特别了不起的事，紧紧抓住了学校重点工作中关键人物——班主任的能力塑造，既提高了服务于学生发展的本领，又为学校储备了优秀的管理人才，这是大智慧，也是大战略，愿这样一个平台，能够真正撬动学校的创新发展，支撑更多教师成长为优秀教师。

孙先亮

二〇二〇年四月

孙先亮校长简介：2002 年起任山东省青岛第二中学校长，2019 年起担任青岛二中教育集团总校长。山东省政协委员，中国教育学会学术委员会委员，中国教育学会第八届理事会高中教育专业委员会副理事长，教育部校长培训中心兼职教授，教育部培训专家库首届成员。享受国务院特殊津贴专家，曾获全国教育系统先进工作者，获第二届明远教育奖，山东省首届齐鲁名校长，山东省先进教育工作者，山东省首届年度教育创新人物，青岛市拔尖人才等荣誉称号。

参考文献

[1] 李政涛、吴玉如．语文教学改革指导纲要 [M]. 福建：福建教育出版社，2016.

[2] 中华人民共和国教育部制定．语文课程标准 [S]. 北京：人民教育出版社，2017.

[3][德] 黑格尔．美学 [M]. 北京：商务出版社，1979.

[4] 林崇德. 心理学大辞典 [M]. 上海：上海教育出版社，2003.

[5] 中华人民共和国教育部制定．普通高中课程方案 [S]. 北京：人民教育出版社，2017.

[6] 尤国军．试论高中语文教学与传统文化的契合 [J]. 中国校外教育 .2017(2).

[7] 顾之川、王晓丽主编．中国民俗文化教师用书 [Z]. 北京：人民教育出版社，2017.

[8] 吕媛．论中国传统文化意蕴与社会主义核心价值观的培育与践行 [J]. 华人时刊，2014（18）.

[9] 陶立瑶．民俗学 [M]. 北京：学苑出版社，2003.

[10] 语文课程标准研制组编写．语文课程标准解读 [M]. 湖北：教育出版社，2002.

[11] 岳增学．语文课程的性质就是语言性 [J]. 教书育

人,2002.

[12] 乐爱国、冯兵.《礼记·学记》的教育伦理思想及其现代启示[J]. 西南民族大学学报(人文社科版),2009(8).

[13] 叶澜着.教育概论[M]. 北京:人民教育出版社,1991.

[14] 常森主编.普通高中课程实验教材书语文选修《先秦诸子选读》教师教学用书[Z]. 北京:人民教育出版社,2005.

[15] 贺敏主编.高中语文人教版必修4教师用书[Z]. 北京:人民教育出版社,2007.

[16] 郑英.教育,向美而生[M]. 北京:中国人民大学出版社,2019.

[17] 张爱玲.张爱玲作品集[M]. 北京:北京十月文艺出版社,2019.